MATEMÁTICA 5

2° ciclo **E G B**

MATEMÁTICA 5

Coordinadora
Adriana Laura
Díaz

Sonia Lilian
Seleme

a-Z editora

Concepción gráfica de tapas e interiores: Patricia Lamberti.

Ilustraciones: Peni.

Fotografías: Archivo A-Z, Carlos Tabachnik, Marcelo Perinetti, Data Press,
Image Bank Argentina y Super Stock.

© A-Z editora S.A.
Paraguay 2351 - (1121)
Buenos Aires. República Argentina.
Teléfonos: (01) 961-4036 y líneas rotativas.
Fax: (01) 961-0089.

Libro de edición argentina.
Hecho el depósito de ley 11.723.
Derechos reservados.

I.S.B.N.: 950-534-517-8

Índice

Unidad 1: GEOMETRÍA DEL ESPACIO

Nuestro espacio 10
Para resolver con lo que sabés 11
En el cielo 12
Ubicar 13
Fotos y planos 14
Distintas representaciones 15
Cuerpos geométricos 16
  Clasificación y elementos 17
  A reconocer y nombrar cuerpos 17
  Para armar poliedros 18
Para comprobar lo que aprendiste 19
● Representación elemental del espacio. Ubicación de puntos en el plano. Cuerpos. Elementos. Clasificación. Códigos para la representación plana de cuerpos sencillos.

Unidad 2: NUMERACIÓN

Dos mundos, muchos números 22
Para resolver con lo que sabés 24
Números con historia 25
Nuestro sistema de numeración 26
  Diferentes lugares, diferentes valores 27
  ¿Cuál es el número más grande? 27
Grandes números 28
  Números y calculadoras 28
  ¡La calculadora desborda! 29
Para resolver con lo que aprendiste 30
Para comprobar lo que aprendiste 32
● Sistemas de numeración posicionales y no posicionales. Reglas de escritura en los distintos sistemas. El sistema de numeración posicional y decimal. Propiedades. Órdenes; equivalencias.

Unidad 3: OPERACIONES CON NÚMEROS NATURALES

La Biblioteca Nacional de la República Argentina 34
Para resolver con lo que sabés 35
Resolución de unos amigos 36
  Otras preguntas 37
Números, signos y paréntesis 38
Propiedades de las operaciones 39
  Volvamos a la resolución de nuestros amigos 40
Para resolver con rapidez 41
Operaciones aproximadas 42
  ¿Y las divisiones? 43
Para resolver con lo que aprendiste 44
Para resolver con calculadora 46
  Juegos con calculadora 47
Para comprobar lo que aprendiste 48
● Situaciones problemáticas que impliquen el uso de las operaciones de suma, resta, multiplicación y división con números naturales. Formas de cálculo exacto y aproximado. Algoritmos.

UNIDAD 4: TEORÍA DE NÚMEROS

Números y tiempo 52
Para resolver con lo que sabés 53
Posibles resoluciones 54
Múltiplos y divisores 56
Para resolver con lo que aprendiste 57
Números primos y compuestos 58
Para resolver con lo que aprendiste 60
Para comprobar lo que aprendiste 62
● Investigación de las estructuras multiplicativas en el campo de los números naturales. Propiedad de la descomposición de un número en sus factores primos.

UNIDAD 5: JUEGOS Y PROBLEMAS

Juguemos un poco: semillas y granjeros 64
Para resolver con lo que sabés 65
Algunos problemas 66
Buscando estrategias 68
Probar también vale 68
Facilitando las cosas 68
Para resolver 70
Con dibujos y gráficos 72
Para comprobar lo que aprendiste 73
● Modelización de situaciones problemáticas a través de distintos recursos. Elaboración de estrategias personales de resolución.

UNIDAD 6: FRACCIONES

La música 76
Para resolver con lo que sabés 78
Fracciones 79
Para comentar entre todos 79
Resoluciones de algunos amigos 79
Usar fracciones 81
La recta numérica 82
Representación de la recta 83
Clasificamos y comparamos fracciones 83
Operaciones con fracciones 84
Suma y resta de fracciones 84
Multiplicación de fracciones 85
Para contestar entre todos 85
Un producto especial 86
Para resolver con lo que aprendiste 87
Para comprobar lo que aprendiste 90
● Fracciones: significado usando cantidades continuas y discretas. Representación en la recta numérica. Suma y resta de fracciones. Multiplicación y división de fracciones por un número.

UNIDAD 7: DECIMALES

Las pruebas de atletismo 94
Para resolver con lo que sabés 95
Los números decimales 96
Resoluciones de algunos amigos 96
Las fracciones decimales y los números decimales 98
¿Cómo está formado un número decimal? 99
De fracción decimal a número decimal y viceversa 99

Decimales en la recta 100
Comparamos números decimales 100
  Volvamos al problema inicial 101
Para resolver con lo que aprendiste 102
Para comprobar lo que aprendiste 104
● Expresiones decimales: usos, lectura y escritura. Relaciones de orden. Equivalencia entre las formas de escritura decimal y fraccionaria.

UNIDAD 8: OPERACIONES CON DECIMALES

¿Cómo se fabrica el dinero? 108
Para resolver con lo que sabés 109
Calculemos con decimales 110
  Resoluciones de algunos amigos 110
Suma y resta de números decimales 112
  Para leer con atención 112
Multiplicación y división de un número decimal por 10, 100 y 1.000 113
  Multiplicación de un número decimal por un número natural 113
División de un número decimal por un número natural 114
Para resolver con lo que aprendiste 116
Decimales con calculadora 119
  Para resolver con calculadora 119
  Para jugar entre dos 120
Para comprobar lo que aprendiste 121
● Suma y resta de expresiones decimales. Multiplicación y división de expresiones decimales por números naturales. Algoritmos. Formas de cálculo exacto y aproximado.

UNIDAD 9: MEDICIONES

Las comunicaciones acercan a las personas 124
Para resolver con lo que sabés 125
Todo es cuestión de medida 126
  Resoluciones de algunos amigos 126
¿Qué es medir? 128
El litro 129
Longitudes 130
  El metro 130
Peso 132
  El gramo 133
Todo se mide 134
  Otros instrumentos 134
Errores y mediciones 135
Para resolver con lo que aprendiste 137
Para saber un poco más 139
Para comprobar lo que aprendiste 140
● La medida: significado. Unidades del Sistema Métrico Legal Argentino (SIMELA). Longitud, capacidad, peso. Error en las mediciones. Instrumentos.

UNIDAD 10: FIGURAS GEOMÉTRICAS

Con hilo y papel, una historia que vuela 144
Para resolver con lo que sabés 145
Figuras, polígonos y familia 146
  Los barriletes de otros chicos 146
  Para refrescar la memoria 148
  Cuadriláteros 149
  Volvamos a los barriletes 150

Para estudiar la clasificación 150
Construcciones 152
Perímetro 154
Para resolver con lo que aprendiste 156
Para comprobar lo que aprendiste 158
● Figuras: elementos. Clasificación de figuras según distintas propiedades. Cuadriláteros: elementos, clasificación. Técnicas de construcción. Perímetro.

UNIDAD 11: MEDICIÓN DE SUPERFICIES PLANAS

Historia con mosaicos 162
Para resolver con lo que sabés 163
Midiendo el lugar que ocupa 165
Resoluciones de algunos amigos 165
Un poco de historia 167
Después de la historia 169
Comparamos áreas 169
Área y perímetro 170
Estimamos áreas 171
Para resolver con lo que aprendiste 172
Para comprobar lo que aprendiste 175
● Superficies planas: su medida. Comparación de áreas. Equivalencias. Diferencias entre perímetro y área. Estimación.

UNIDAD 12: PROPORCIONALIDAD

¿Todo cae? 178
Para resolver con lo que sabés 179
Proporcionalidad, ¿tema nuevo? 180
Resoluciones de algunos amigos 180
Aclaremos ideas 181
Distintas representaciones 182
No todo lo que brilla es oro 183
Para resolver con lo que aprendiste 184
Para comprobar lo que aprendiste 187
● Proporcionalidad: significado. Relaciones de proporcionalidad. Distintas representaciones. Características gráficas de las funciones de la proporcionalidad directa.

UNIDAD 13: NOCIONES DE PROBABILIDAD

Yo juego, tú juegas, todos jugamos 190
Para resolver con lo que sabés 191
Para ponernos de acuerdo 192
Resoluciones de algunos amigos 192
Jugamos con el azar 194
Frecuencia, número de veces que ocurre un suceso 195
Comparación de probabilidades 197
¡A la perinola! 197
Para resolver con lo que aprendiste 199
Para comprobar lo que aprendiste 201
● Formas de recolección de datos de experiencias simples. Regularidades en experimentos aleatorios. Predicción de la probabilidad de un suceso.

TEMAS ESPECIALES

Juegos olímpicos 202
Nuestra computadora 204

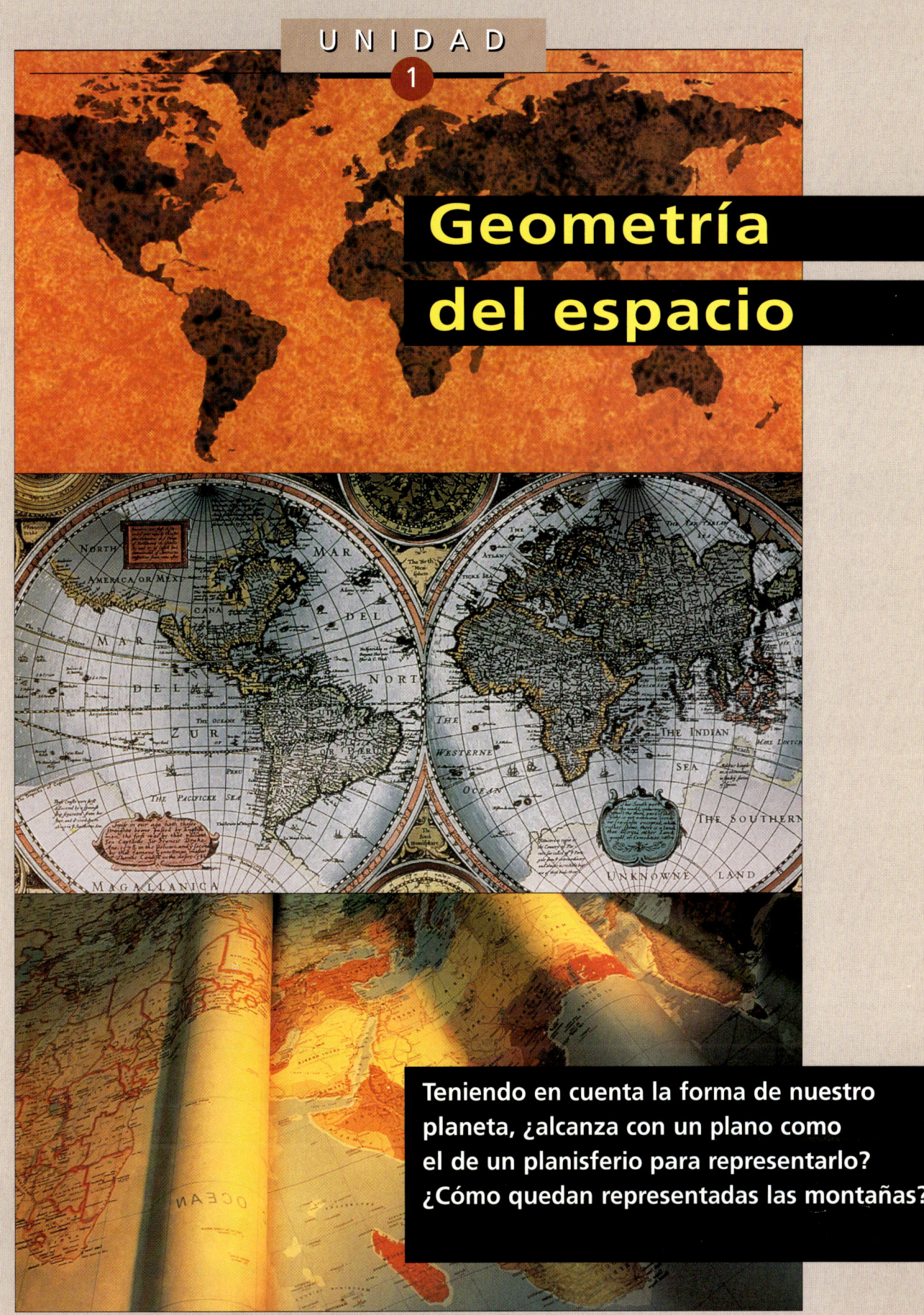

Geometría del espacio

Teniendo en cuenta la forma de nuestro planeta, ¿alcanza con un plano como el de un planisferio para representarlo? ¿Cómo quedan representadas las montañas?

Nuestro espacio

Los pies hacia el poniente,
la cabeza hacia el sol naciente,
hacen vivir eternamente.

Desde la antigüedad los seres humanos se preocuparon por conocer el espacio en donde realizan sus actividades. Ubicar un lugar, orientarse respecto de ciertos objetos o dar la posición de otros, eran considerados conocimientos valiosos.

Tal es así que este antiguo refrán oriental da cuenta de cómo orientar la cama en función del recorrido que realiza el Sol en el cielo.

Y podemos mencionar otros ejemplos.

- Napoleón guardaba bajo llave los mapas de los lugares donde se iban a llevar a cabo las batallas: sólo él podía tener acceso a ese saber.

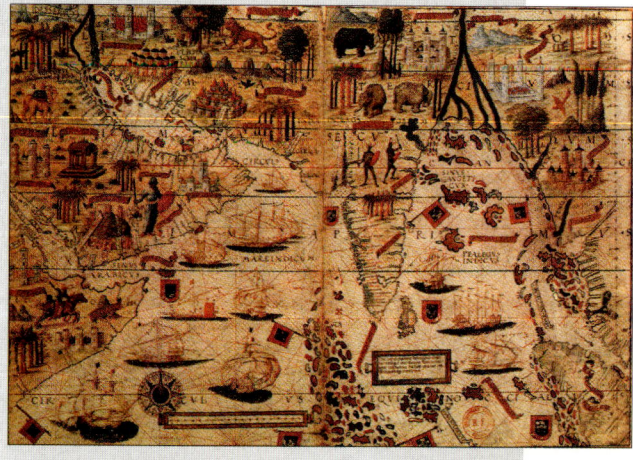

- Algunas iglesias se construían de manera tal que el primer rayo de sol iluminara el altar mayor.

- Durante la Segunda Guerra Mundial era tal la importancia que se les daba a los mapas, que los soldados encargados de su cuidado debían quemarlos antes de ser capturados.

- Actualmente muchas decisiones políticas y económicas tienen en cuenta el análisis del espacio: la instalación de una fábrica, el mejoramiento de un servicio, la distribución de un producto.

Claro que estos conocimientos requieren de un estudio especial. Sobre todo si tenemos en cuenta que muchas veces en la escuela trabajamos sobre superficies planas -el pizarrón, nuestra carpeta, los libros- y el espacio donde vivimos no lo es.

La representación del espacio no resultó simple para los seres humanos. Fue necesario el desarrollo de grandes culturas hasta encontrar una manera que permitiera mostrar, en una superficie plana, el espacio redondeado en el cual desarrollamos nuestras actividades.

Para resolver con lo que sabés

Un grupo de amigos debe realizar el plano de un lugar que visitaron. Para ello cuentan con una serie de fotos que tomaron desde un velero en el cual recorrieron la costa. Gracias a las fotos y a su buena memoria dibujaron el siguiente plano.

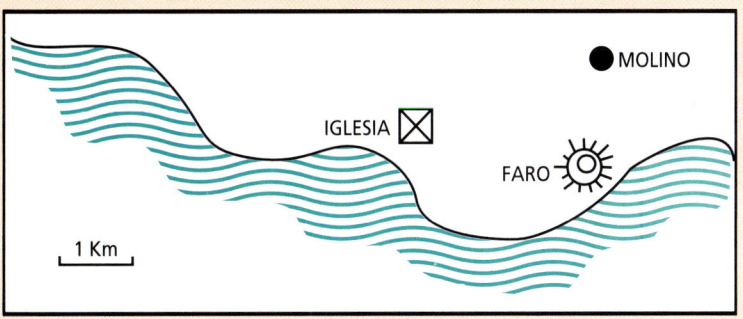

Actividad tomada de la revista *Uno*,
Nº 8, Barcelona, Gráo, 1996.

- ¿Desde dónde fue tomada cada foto? ¿Cómo lo averiguaste?
- ¿En qué orden fueron tomadas? ¿Por qué?

Para hacer en grupo
- En pequeños grupos, recorran una plaza cercana.
- Saquen fotos o dibujen desde distintos lugares.
- Con la ayuda de las fotos o dibujos, realicen un esquema de la plaza.

No sólo la matemática se ocupa del espacio. Las ciencias sociales, por ejemplo, se ocupan también del espacio, pero del espacio geográfico en el cual los seres humanos desarrollan sus actividades; la plástica y el teatro lo usan como medio de expresión. En esta unidad nos ocuparemos del espacio desde una óptica geométrica.

En el cielo

Podemos pensar en espacios de distintos tamaños. Desde el espacio cotidiano en el que desarrollamos nuestras actividades, hasta el inmenso universo en el cual imaginamos increíbles viajes interestelares.

En estos espacios podemos ubicar un punto cualquiera y también dar su posición.

Actividad grupal

Ésta es una fotografía de una noche estrellada.

● *Reuníte con un compañero y busquen la manera de crear un código para ubicar y dar la posición de cualquier estrella. Pueden usar papel milimetrado transparente.*

● *Escriban las reglas necesarias para entender las referencias del código que crearon.*

● *Den la ubicación de la estrella más brillante. Después comparen con la tarea de otros compañeros.*

● *Elijan una estrella y den su posición a otra pareja de compañeros junto con el código. ¿Pudieron encontrarla?*

● *Entre todos, decidan cuál es el mejor código para ubicar puntos en el espacio.*

Para pensar
● *¿Todas las estrellas son del mismo tamaño? ¿Cómo podés comprobarlo en la fotografía?*
● *¿Todas las estrellas se encuentran a igual distancia de la Tierra? ¿Por qué?*

Ubicar

Seguramente ya sabés que para ubicar un punto en una hoja necesitás contar con dos datos.

El punto está sobre el 4° renglón, a 5 centímetros del borde izquierdo.

El estudio de la geometría del espacio se refiere a puntos que pueden o no estar en el plano.

El espacio en el cual desarrollamos nuestras actividades posee tres dimensiones, que podemos relacionar con: arriba - abajo

adelante - atrás

derecha - izquierda

MA... NO ENCUENTRO EL LIBRO DE INGLÉS.

ESTÁ DEBAJO DE LA MESITA QUE ESTÁ DELANTE DEL ARMARIO A LA IZQUIERDA DE LA PUERTA DE TU PIEZA.

Para pensar

● *Intentá ubicar un lugar cualquiera en todos los mapas que te presentamos al comienzo. ¿Qué tuviste en cuenta para lograrlo?*

● *Nombrá con tus palabras las tres dimensiones del espacio estelar.*

Fotos y planos

Tanto las fotos como los planos dan cuenta de distintas representaciones de un **espacio**.

Veamos un ejemplo.

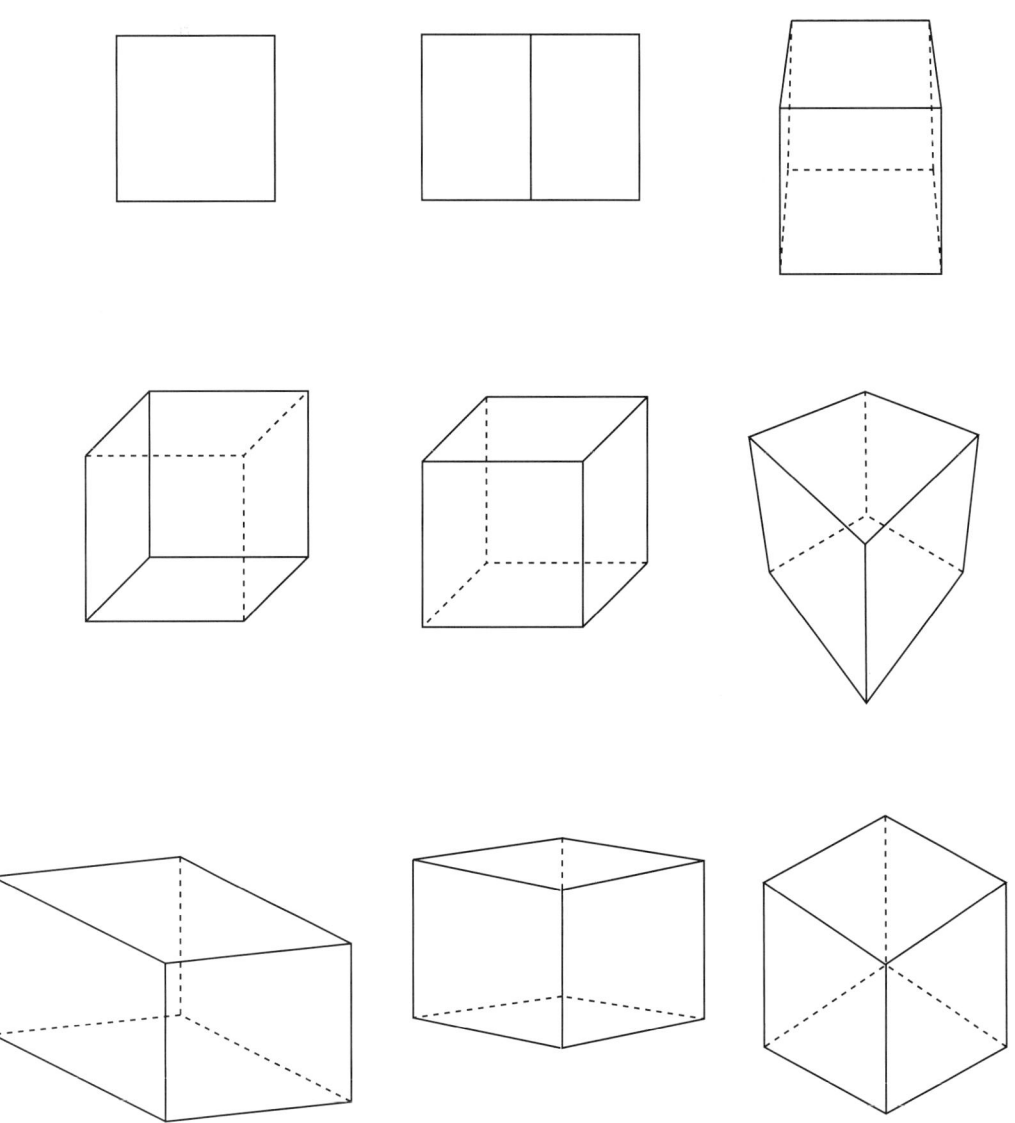

● *¿Cuál de estos dibujos representa un cubo? Justificá tu respuesta.*

Distintas representaciones

Según la información que nos interesa comunicar, podemos realizar distintas representaciones de los objetos que observamos en el espacio físico.

A continuación te presentamos algunas de las más utilizadas.

Representación ortogonal: muestra una cara del objeto, como si sacáramos una foto de frente a cada una de ellas.

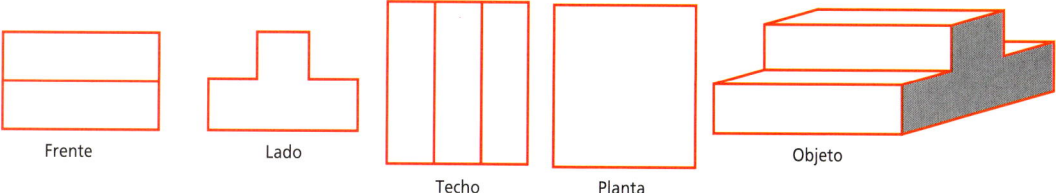

Frente   Lado   Techo   Planta   Objeto

Dibujos en perspectiva: dan una visión mas cercana a la realidad del objeto que representan; utilizan puntos auxiliares, llamados **puntos de fuga**, que se ubican sobre la **línea del horizonte**.

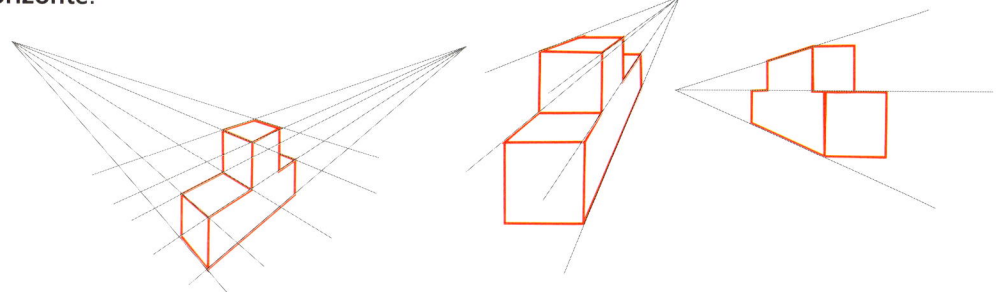

Cortes topográficos: son planos a diferentes alturas. Representan un corte imaginario del objeto en distintos niveles y muestran a cada uno de estos cortes desde arriba.

1° nivel

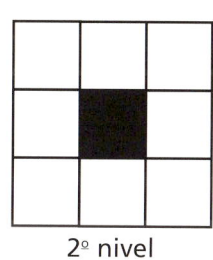

2° nivel

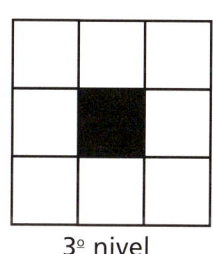

3° nivel

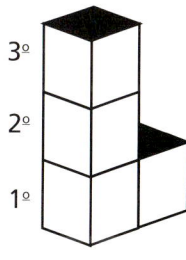

3°
2°
1°

✐ Actividad

- ¿En qué situaciones usarías cada una de estas representaciones? ¿Por qué?
- Si fueras a construir una casa, ¿qué tipo de representación le pedirías al arquitecto? ¿Por qué?
- En Plástica, ¿hiciste alguna vez un dibujo en perspectiva? Animáte.

Cuerpos geométricos

De la misma manera que en el plano trabajamos con figuras geométricas, en el espacio lo hacemos con cuerpos geométricos. Éstos dan cuenta de formas que podemos descubrir en los objetos que nos rodean.

Si imaginás el plano de una plaza, necesitarás dibujar rectángulos, cuadrados o algún círculo. Y si querés realizar la maqueta de la escuela, deberás usar cuerpos geométricos, como prismas o cilindros.

✎ *Actividad*

Te presentamos ahora tres colecciones distintas.

1. Imágenes de distintos **envases**, que seguramente habrá en tu casa.

2. Dibujos planos de distintos **cuerpos**. (Si bien los cuerpos tienen tres dimensiones, vamos a representarlos en el plano de la página.)

3. Figuras planas, que pueden ser consideradas como siluetas de una de las caras del cuerpo.

● *¿Hay una única manera de armar ternas de elementos, es decir: envase, cuerpo, figura? ¿Por qué?*

● *Compará tu trabajo con el de otro compañero.*

ENVASES

CUERPOS

FIGURAS

● *Teniendo en cuenta la colección de cuerpos representados, clasificálos en dos grupos.*

- *¿Cómo llamarías a cada grupo?*

- *¿Dónde ubicarías una esfera? ¿Por qué?*

Clasificación y elementos

Una manera de clasificar los cuerpos es tener en cuenta si todas sus caras son curvas o no.
Los **poliedros** son los cuerpos cuyas caras son polígonos. Fuera de este grupo encontramos:
cilindros, conos y esferas, que se llaman **cuerpos redondos**.

Recordemos algunos de los elementos del prisma.

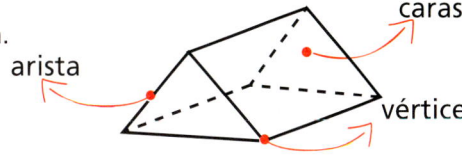

A reconocer y nombrar cuerpos

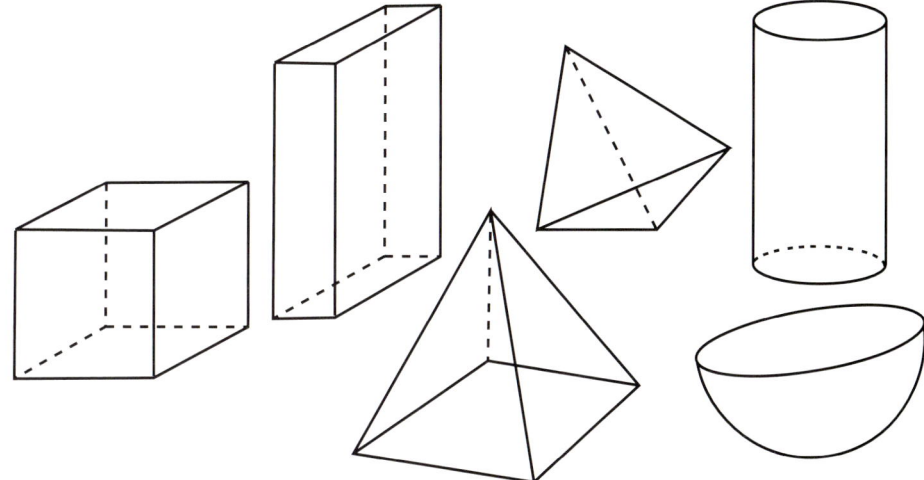

● *Completá el siguiente cuadro. Averiguá el nombre de los cuerpos representados.*

¿Es un poliedro?				
SÍ			**NO**	
Número de caras planas	Número de aristas	Número de vértices	Número de caras planas	Nombre de la figura

Para armar poliedros

Todas las caras de los poliedros son polígonos. Entonces, para armar un poliedro debemos dibujar las caras en una hoja y luego acomodarlas de manera tal que se respete la forma del cuerpo buscado.

 *Actividad*

Cubos

Como ya sabés, los cubos están formados por 6 cuadrados de igual tamaño.

● *Podemos decir que los dados se asemejan a pequeños cubos.*
Teniendo en cuenta los que aparecen en la figura, marcá los números del 1 al 6 en el desarrollo del cubo.

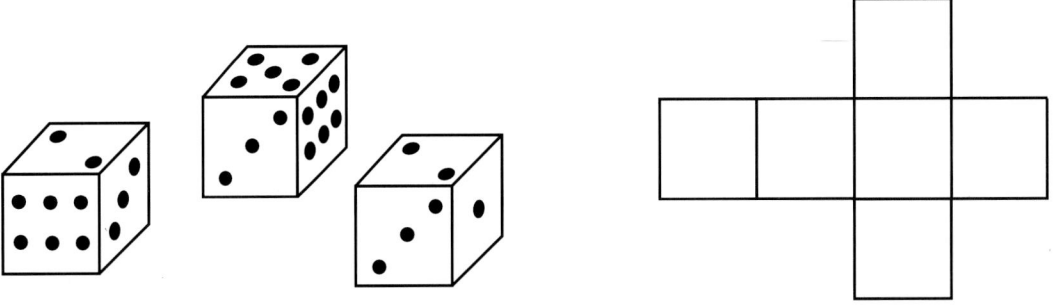

● *De los desarrollos que aquí te presentamos, ¿cuáles sirven para obtener un cubo?*
¿Por qué?

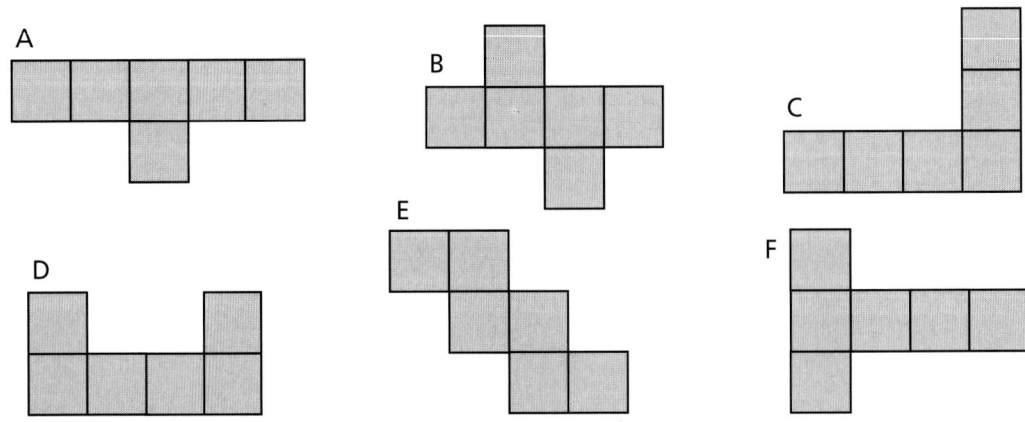

Para comprobar lo que aprendiste

Pelota de fútbol

Quizás nunca te hayas dado cuenta de que una pelota de fútbol está formada por poliedros. Sí, aunque te parezca mentira, toda pelota profesional posee tientos de cuero de forma pentagonal y hexagonal.

● *Con cinta adhesiva, armá una pequeña pelota usando como molde las figuras planas que están a continuación.*

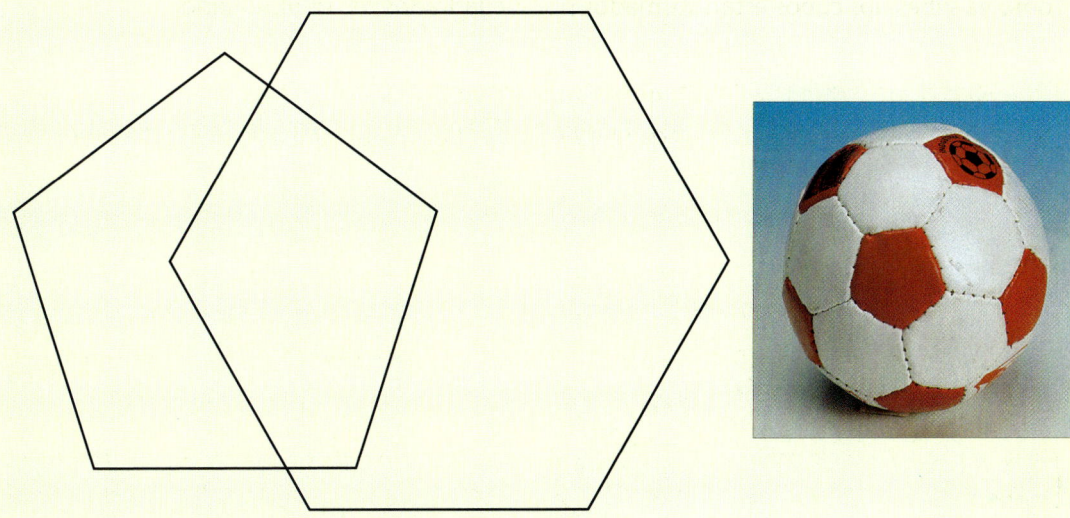

- Primero, calcá los moldes del libro. Después, fijáte cuántos debés hacer de cada uno de ellos.

● *Una vez armada, realizá distintas representaciones de ella. Por ejemplo: ortogonal y en perspectiva.*

● *Marcá un punto sobre el cuerpo y luego indicálo en cada una de las representaciones que hiciste de él.*

● *¿Podés armar otros cuerpos usando cada uno de estos moldes por separado? ¿Cuáles?*

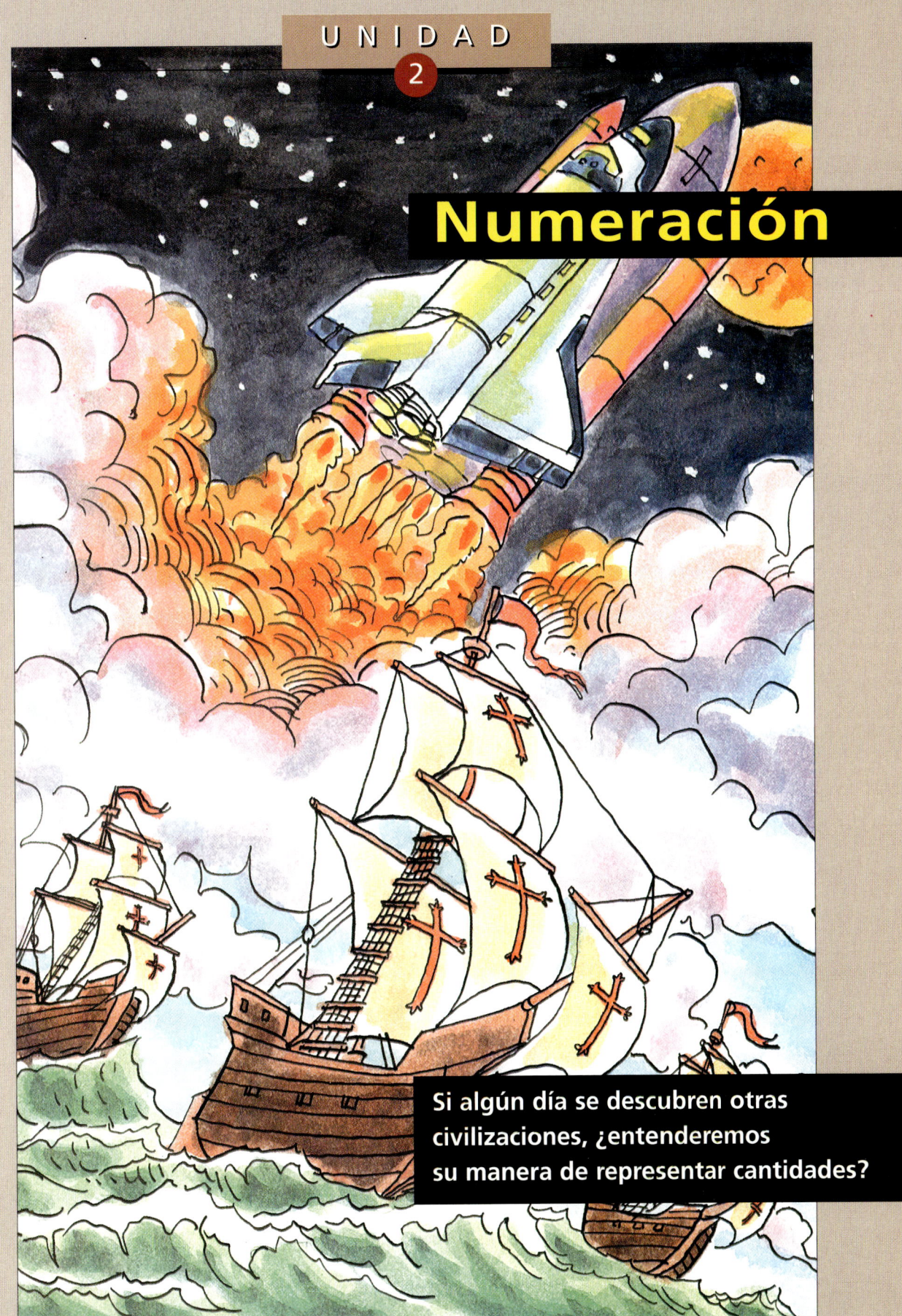

Numeración

Si algún día se descubren otras civilizaciones, ¿entenderemos su manera de representar cantidades?

Dos mundos, muchos números

El descubrimiento de América produjo el encuentro de dos mundos totalmente diferentes.

El Nuevo y el Viejo Mundo habían progresado por separado, sin conocerse, con sus propias costumbres y creencias.

La matemática no escapó a esta diferencia. Los números y las reglas que se usaban para representarlos eran distintos.

Viejo Mundo

En la época del descubrimiento, había dos sistemas que eran los más utilizados en el Viejo Mundo.

El sistema **romano**, creado hace 2.500 años aproximadamente, usaba siete símbolos o letras para representar los números.

I	V	X	L	C	D	M
1	5	10	50	100	500	1.000

Para formar los demás números, se utilizaron las siguientes reglas.

- Una letra escrita a la derecha de otra, de igual o mayor valor, suman sus valores.

- Las letras I, X y C colocadas a la izquierda de otra de mayor valor, le restan a ésta su valor.

- Las letras I, X, C y M pueden repetirse hasta tres veces seguidas. Las otras sólo pueden escribirse una vez.

- Para escribir números a partir de 4.000, se pone una rayita sobre el símbolo.

Por ejemplo: $\overline{IV} = 4.000$, $\overline{V} = 5.000...$

El sistema **hindú**, creado 200 años a. C., usaba nueve símbolos.

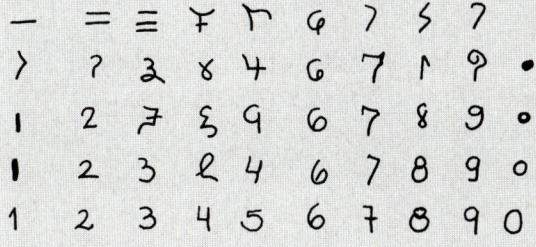

EKA DVI TRI CATUR PAÑCA SAT SAPTA ASTA NAVA

La numeración hindú fue tomada por los árabes alrededor del año 600, quienes la introdujeron en España y desde allí se conoció en toda Europa.

Los **mayas**, que habitaban la península de Yucatán, tenían una cultura muy desarrollada y, un sistema de numeración propio.

Con un punto representaban la unidad, con una barra horizontal el 5 y el dibujo estilizado de un caparazón de tortuga era el cero.

Nuevo Mundo

En este mundo también existían distintos sistemas para representar los números. Veamos sólo dos de ellos.

Los **incas** poseían un poderoso y organizado imperio, que se extendía a lo largo de los Andes, desde Ecuador hasta el norte de nuestro país.

Para representar los números, los incas usaban sogas anudadas de diferentes colores, llamadas **quipus**.

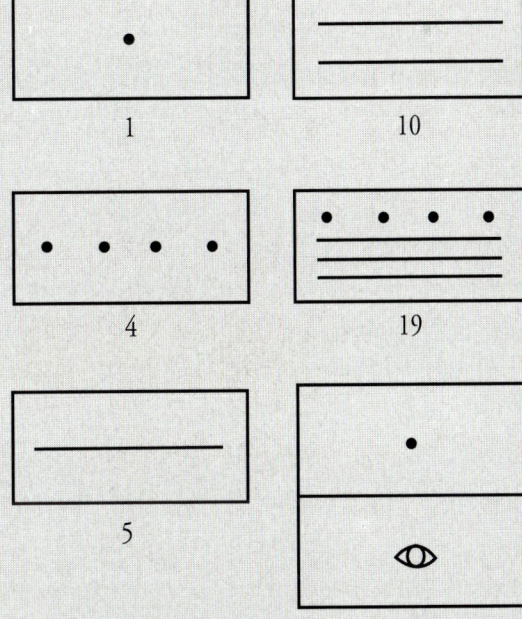

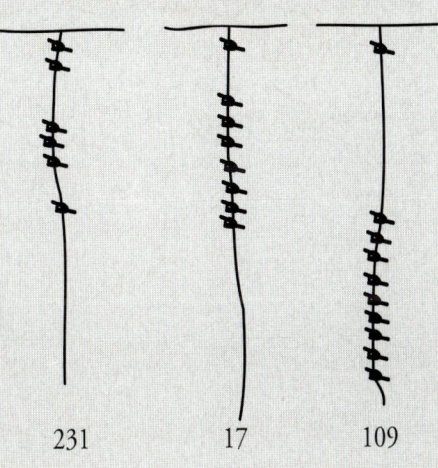

Para resolver con lo que sabés

Éstas son preguntas y problemas relacionados con los distintos sistemas de numeración presentados. Te proponemos que los resuelvas con lo que sabés. Al finalizar, no olvides comparar tu trabajo con el de otros compañeros.

● *Explicá las reglas de los romanos en los siguientes ejemplos:*

MMMCCCXXXIII = 3.333   XLV = 45

CM = 900   MCM = 1.900

● *¿Cuál es el mayor número que podés escribir con el sistema romano? ¿Y con nuestro sistema?*

● *¿Por qué motivo creés que los romanos no contaban con un símbolo para el cero?*

● *¿Cómo se escriben los números 150, 105, 510 y 501 en el sistema romano?*
Contá la cantidad de símbolos que usás en cada caso.
¿A mayor cantidad de símbolos, el número es mayor? ¿Por qué?

Para pensar entre todos

● *¿Qué diferencias encuentran entre el sistema romano y el indo-arábigo que usamos?*

Más preguntas

Para aquellos chicos curiosos que quieran descifrar jeroglíficos, van algunas preguntas para pensar.

● *¿Te animás a escribir los números de 0 a 20, como lo hacían los mayas?*
¿Cómo explicarías las reglas de ese sistema?

● *¿Y las reglas para los quipus? ¿Cómo anudarías las sogas para escribir tu edad?*

● *¿Por qué pensás que se dejaron de usar los sistemas mencionados? ¿Qué ventajas encontrás en el sistema indo-arábigo?*

● *Investigá en qué situaciones se siguen usando los números romanos.*

En esta unidad conoceremos las reglas que nos permiten no sólo escribir y leer números, sino también entender algunos de los procedimientos que usamos al realizar los cálculos.

Números con historia

Muchos pueblos primitivos comenzaron a contar utilizando los dedos de la mano, de la misma manera que vos. Si querían indicar 1, levantaban un dedo, para decir 2, dos dedos, con las dos manos podían contar hasta diez.

Pero llegó un momento en que ya no alcanzó con contar; era necesario registrar las cantidades, comunicar esos valores a otro. Entonces se pusieron en juego otros sistemas:

- se reunieron semillas u otros elementos en bolsas;
- se hicieron distintas marcas en la piedra o en los árboles, etcétera.

La necesidad de contar bienes, distribuir la tierra y registrar el paso del tiempo, dio lugar a la creación de los números y los sistemas de numeración.
A lo largo de la historia de la humanidad, cada pueblo ha encontrado una manera de responder a esta problemática.

Un sistema de numeración es un *código* que nos permite representar cantidades. Cada sistema está formado por un conjunto de símbolos y reglas, como el de los romanos o el de los mayas.

Para pensar

● *¿Cómo habrán resuelto una suma los romanos? Imaginá un procedimiento para sumar CMII + CLV, sin pasar los números a nuestro sistema.*

Nuestro sistema de numeración

Tratando de contestar todas estas preguntas, unos amigos propusieron las siguientes explicaciones.

ANDREA

Mientras pensaba las preguntas, Andrea escribió lo siguiente:

> Nuestro sistema de numeración tiene dos características importantes.
>
> Es decimal y las cifras adquieren diferente valor según el lugar que ocupen.

Pero, ¿cómo explicar cada una de esas características a un nene más chico?

A nuestra amiga se le ocurrió anotar sus ideas.

> Con los símbolos: 0, 1, 2, 3, 4, 5, 6, 7, 8 y 9 podemos escribir cualquier número.
>
> Con 10 unidades formo un número de dos cifras, con 10 de 10 formo un número de 3 cifras... Los números se agrupan de a 10.
>
> Los símbolos tienen distinto valor según el lugar que ocupan en el número.

Para contestar entre todos

● *El sistema de numeración romano, ¿cumple con las características que escribió Andrea? ¿Por qué?*

● *¿Y alguno de los sistemas de numeración mencionados las cumple? ¿Por qué?*

✎ Actividad

● *Escribí en números romanos:*
- día, mes y año de tu nacimiento;
- día, mes y año en que estás leyendo esto;
- cantidad de páginas de este libro;
- cantidad de alumnos de tu escuela.

● *Traducí a nuestro sistema los siguientes números.*
MMCDXX
CCCLIX
MMMDCCLXXXIX
el doble de V̄DLV
la mitad de CXXIV

EN EL SISTEMA ROMANO, NO TE DAS CUENTA POR LA CANTIDAD DE SÍMBOLOS QUE UN NÚMERO ES MÁS GRANDE QUE OTRO.

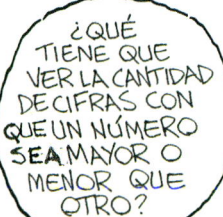

¿QUÉ TIENE QUE VER LA CANTIDAD DE CIFRAS CON QUE UN NÚMERO SEA MAYOR O MENOR QUE OTRO?

● *¿Quién tiene razón? Justificá tu respuesta con ejemplos. ¿Se cumple esta característica en nuestro sistema de numeración?*

Diferentes lugares, diferentes valores

SOLEDAD

Mientras leía, Soledad escribió el siguiente número:

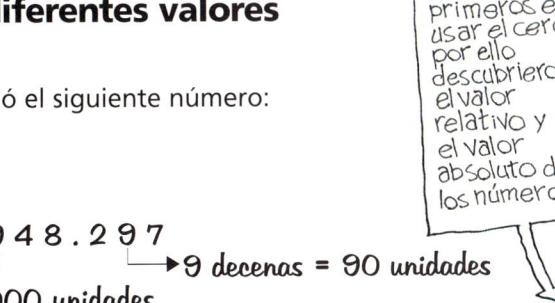

$$9\ 4\ 8\ .\ 2\ 9\ 7$$

9 centenas de mil = 900.000 unidades

9 decenas = 90 unidades

Al representar este número Soledad usó dos veces el símbolo 9. Pero este símbolo no tiene el mismo valor en ambas posiciones, ya que dependen del lugar que ocupan en el número. Tienen distinto valor de posición.

Para contestar entre todos

● *En alguno de los otros sistemas de numeración que presentamos, ¿el valor de los símbolos depende del lugar que ocupan? ¿Por qué?*

✎ *Actividad*

● *¿Aumentan o disminuyen?*

Indicá en cuánto aumentan o disminuyen los siguientes números, si se cambian entre sí los símbolos indicados.

el 7 y el 6 en 975.364   el 4 y el 7 en 547.821   el 3 y el 5 en 223.125

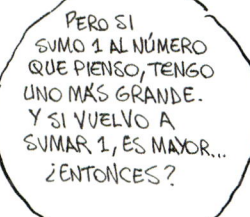

¿Cuál es el número más grande?

¿Es posible representar o pensar un número que sea más grande que el resto de todos los números?

CARLOS

Este amigo comenzó escribiendo un número que le parecía enorme.

Imaginá que pensaste el número más grande que existe, bastará sumarle 1 para encontrar uno aún mayor.

Siempre es posible encontrar un número más grande.

27

Grandes números

Ya conocés los números hasta el séptimo orden, el de las unidades de millón. Veamos números más grandes.

Octavo orden

1 decena de millón	= 10 unidades de millón
	= 100 centenas de mil
	= 1.000 decenas de mil
	= 10.000 unidades de mil
	= 100.000 centenas
	= 1.000.000 decenas
	= 10.000.000 unidades

El **noveno orden** corresponde a las centenas de millón, 1 centena de millón equivale a 100.000.000 de unidades.

✎ *Actividad*

- *¿Cuál es el mayor número de 9 cifras que podés escribir usando los símbolos 1, 3 y 8?*
- *Completá las representaciones de ese número:*
- indicando los diferentes órdenes;
- con sumas;
- con sumas y multiplicaciones.
- *Completá con 1, 10, 100 o 1.000.*

1 c. de millón = ... c. de mil
10 u. de millón = ... u. de mil
10 d. de millón = ... d. de mil
100 u. de millón = ... d. de millón
100 u. de millón = ... c. de millón
10 d. de millón = ... u. de millón

Números y calculadoras

El problema de los grandes números

Algunos números son muy grandes y no entran en el visor de una calculadora común. Para entender de qué estamos hablando, te proponemos que realices la siguiente suma:
182.465.300 + 286.287.654 + 520.064.164 =

Andrés vio en un libro un método para poder resolverla:

1.824	65.300
2.862	87.654
5.200	64.164
9.886	217.118
2	17.118
9.888	17.118
	988.817.118

✎ Actividad

● ¿Cómo se lee este resultado?

● ¿Te animás a explicar el procedimiento que encontró Andrés?

Comprobálo en tu calculadora con otras sumas de grandes números.

¡La calculadora se desborda!

La mayoría de las calculadoras tiene una señal de desbordamiento.

Muestran una **E** si el resultado de una cuenta es muy largo y no entra en el visor.

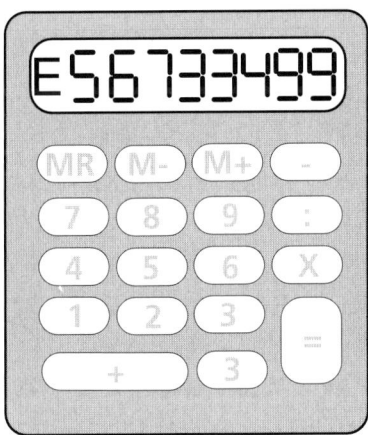

La **E** indica que el punto debería estar ocho espacios a la derecha, por lo tanto, el resultado correcto sería 567.334.990.

✎ Actividad

● Hacé en tu calculadora la cuenta: 456 x 333.000. ¿Qué sucedió?

● ¿Cuál sería el resultado teniendo en cuenta el punto que marca el visor?

● ¿Ese resultado es mayor o menor que 151.484.000?

Para resolver con lo que aprendiste

Crucinúmero

Horizontales

1- 69 decenas de mil + 75 centenas + 21 unidades.
6- Unidades que le sobran a 100.089 para ser una centena de mil.
7- 34 unidades de millón menos la mitad de 679 centenas de mil, 9.920 decenas.
8- MDCCLXXXII dividido XCIX.
9-

| 80 | 83 | 86 | | 92 | 95 | |

10- Diferencia entre el mayor número de 4 cifras y el que resulta de permutar las cifras de las unidades de mil y las decenas en 6.592.
11- Es el quíntuple de la suma entre una decena y 9 unidades.
12- LXXIX.
13- En la escala del 29 estaría antes que 558.

Verticales

1- Diferencia entre el número de séptimo orden cuya cifra de las unidades de millón es 7 y cada uno de los restantes órdenes es el número inmediato inferior y 6.970 unidades de mil + 484 unidades.
2- Este número es igual al triple de la quinta parte de CLXV.
3- El doble de MDCCIX menos la mitad de V̄DCCXXVIII.
4- Doscientos un mil trescientos noventa y dos.
5- Número anterior a 10 decenas de mil + 87 centenas + 6 decenas.

¡Boletos capicúas!

Juan junta boletos con números capicúas. Su abuela le contó que son como amuletos de buena suerte. Éstos son los primeros de su colección.

● *¿Cuántos boletos vendió el colectivero entre esos dos boletos capicúas?*

● *¿Qué número llevaban los boletos que vendió el colectivero antes y después de los que tiene Juan?*

● *¿Cuál es el boleto capicúa que sigue a cada uno de los que tiene Juan?*

● *El papá de Juan lo ayuda a agrandar su colección. Al subir al colectivo, comprueba que su boleto tiene el número que al sumarle 345 centenas se convierte en 69.034.*

- ¿Cuál es el número del boleto?

- ¿Cuántos boletos faltan para que salga el capicúa?

- El viaje del papá de Juan dura media hora. ¿Llegará a venderse ese boleto?

● *Escribí todos los números capicúas de quinto orden que tengan todas las cifras impares.*

- ¿Cuántos son?

● *Escribí tres números romanos que sean capicúas en ese sistema de numeración.*

- ¿Alguno es también capicúa en nuestro sistema? ¿Por qué?

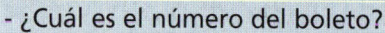

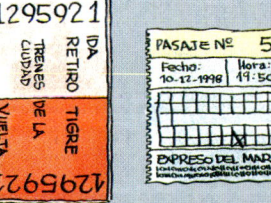

¡Hay cada sistema!

Los habitantes de Creta, una isla de Grecia, usaban esta serie de símbolos:

	—	◯	–◯–	–◯–
1	10	100	1.000	10.000

En una tabla cretense aparecieron grabados estos símbolos. ¿Qué número forman?

● *¿Cómo explicaría un cretense las características de su sistema?*

"Los tamanacos, tribu de indios sudamericanos, usaban para 5 la misma palabra que usaban para decir 'una mano entera'. El término que designaba al 6 era 'uno en la otra mano'; el 7 era 'dos en la otra mano' y así para el 8 y para el 9. El 10 era 'ambas manos'. Para expresar a partir del 11, los tamanacos extendían ambas manos y contaban 'uno del pie, dos del pie...' y así sucesivamente hasta 15, que era 'un pie entero'. Como podemos presumir, el sistema continuaba expresando el 16 como 'uno del otro pie', y así hasta el 19. La palabra que expresaba 20 era la misma para decir 'un indio'. El 21 era 'uno en la mano de otro indio'. 'Dos indios' significaba 40, 'tres indios', 60."

Gardner, Martín, *Festival mágico-matemático*, Alianza, España, 1984.

● *¿Te animás a armar tu propio sistema de numeración?*

- Pensá los símbolos y las reglas para combinarlos.

- Intercambiá tu sistema con el de un compañero e intenten escribir números con ellos.

Para comprobar lo que aprendiste

Para hacer en grupos

- En grupos de 4 o 5 integrantes, cada uno escribirá el número de su documento con letras.

- Averigüen qué orden es el que menos veces cambia en los documentos de los integrantes.
¿Por qué puede ser?
- Comparen sus conclusiones con otros grupos.

- Ordenen por grupos, los números de los documentos de menor a mayor.
- Calculen la diferencia entre el mayor y el menor.
- Escriban esa diferencia en números romanos.
- Construyan dos escalas en las que varíe el orden de la diferencia, por ejemplo:

mayor	32.527.314
menor	32.103.200
diferencia	424.114

Entonces una escala podría ser:
...32.424.114 - 32.848.228.....

- Divididos en dos equipos, dicten por turno el número de un documento. El equipo contrario deberá escribirlo correctamente.

- En forma individual, escribí tu número de documento de cinco maneras diferentes. Puede ser: con palabras, por descomposición en sus diferentes órdenes, usando una resta, o cualquier otra forma, siempre que respetes las reglas de nuestro sistema y las propiedades de las operaciones.

Operaciones con números naturales

Una bibliotecaria debe guardar los libros
en dos muebles iguales de 9 estantes cada uno.
En cada estante hay 5 separaciones
y en cada separación caben 15 libros. Si el lugar
está completo, ¿se puede calcular la cantidad
de posibles formas de acomodar los libros?

La Biblioteca Nacional de la República Argentina

Nuestra Biblioteca Nacional se creó con el nombre de Biblioteca Pública de Buenos Aires, gracias a la iniciativa de Mariano Moreno. Su creación se llevó a cabo por un decreto de la Primera Junta de Gobierno, publicado en la *Gaceta de Buenos Aires* el 13 de noviembre de 1810.

Al principio, la Biblioteca funcionó en la Manzana de las Luces, en la esquina de las actuales calles Perú y Moreno, detrás del Colegio San Carlos (hoy Colegio Nacional Buenos Aires). En el año 1900 fue trasladada al edificio destinado a la Lotería Nacional de Beneficencia, y, 92 años después, pasó a ocupar su actual lugar.

La Biblioteca Nacional tiene la misión de conservar y acrecentar la memoria impresa guardada en los libros, dando prioridad a lo que se produce dentro de nuestras fronteras. Cuenta con un riquísimo tesoro, como por ejemplo:

- Un fragmento de la *Biblia* impresa en la primera imprenta de Gutenberg en el siglo XV, considerada uno de los libros más antiguos que se conocen.

- Un ejemplar de *La Divina Comedi*a, poema del italiano Dante Alighieri, editado en el año 1484.

- Un manuscrito de textos de Aristóteles encuadernado en tapas de roble forradas en cuero, conocido como *El libro encantado*. Se lo llamaba así porque sólo podía leerse en un escritorio donde estaba sujeto por una gruesa cadena de hierro, para evitar que se lo robaran.

- *El septenario de los dolores de María Santísima*, de 1781, considerado como el primer libro impreso en Buenos Aires.

Edificio de la Biblioteca Nacional.
Su dirección es Agüero 2502,
Capital Federal.

La colección actual de la Biblioteca Nacional comprende alrededor de 1.000.000 de títulos, 600.000 periódicos y 180.000 mapas. Además, ingresan a ella 700 libros nuevos por mes. Su dirección en Internet es http://bibnal.edu.ar.

Para resolver con lo que sabés

Tres amigos visitan la Biblioteca Nacional y deciden recorrer una de sus salas de conferencias. La sala cuenta con 7 filas de sillas, cada una formada por 5 sillas de roble y 8 de cedro. La recepcionista les comenta que la última conferencia realizada en ese lugar fue sobre la pintura en América y asistieron a ella 72 personas.

Nuestros amigos se preguntan lo siguiente.

Las operaciones nos sirven para resolver distintos tipos de situaciones, ya sea al hacer las compras en el supermercado o al calcular la cantidad de sillas que entran en una sala. En esta unidad vamos a trabajar con las cuatro operaciones que ya conocés: suma, resta, multiplicación y división, tratando de descubrir cosas nuevas sobre ellas.

Resolución de unos amigos

Éstas fueron las resoluciones que propusieron los tres amigos que recorrían la biblioteca. Comparálas con las tuyas y con las de tus compañeros.

● ¿En qué se parecen? ¿Qué diferencias hay?

● ¿Cuál te parece la más fácil y rápida? ¿Por qué?

JULIETA

Para calcular la cantidad de sillas realizó el siguiente gráfico.

r = sillas de roble.

c = sillas de cedro.

```
r r r r r   c c c c c c c c
r r r r r   c c c c c c c c
r r r r r   c c c c c c c c
r r r r r   c c c c c c c c
r r r r r   c c c c c c c c
r r r r r   c c c c c c c c
r r r r r   c c c c c c c c
```

$$(7 \times 5) \quad + \quad (7 \times 8)$$
$$35 \quad + \quad 56 \quad = \quad 91 \text{ sillas}$$

Para averiguar el número de patas, tuvo en cuenta que 9 x 4 es 36, entonces, aproximadamente hay 360 patas más las cuatro patas de otra silla; en total, 364.

Y para calcular las filas ocupadas en la última conferencia hizo esta cuenta:

```
72 | 13
65    5
 7
```

SE OCUPARON TOTALMENTE CINCO FILAS; EN OTRA HUBO SIETE PERSONAS Y LAS DEMÁS FILAS QUEDARON VACÍAS.

SEBI

Consideró que todas las filas eran iguales, entonces reunió los dos tipos de sillas y calculó.

7   x   (5 + 8)

filas   sillas

Entonces, 7 x 13 = 7 x (10 + 3)

$\qquad\qquad\qquad$ = (7 x 10) + (7 x 3)

$\qquad\qquad\qquad$ = 70 + 21

$\qquad\qquad\qquad$ = 91 sillas.

Para el número de patas, tuvo en cuenta que 100 sillas tienen 400 patas. En 10 sillas hay 40 patas. Como 90 = 100 - 10, las patas de 90 sillas = 400 - 40 = 360 patas, en forma aproximada, más las cuatro patas de la última silla.

Para averiguar la cantidad de filas ocupadas por 72 personas calculó:

¡SE OCUPARON 5 FILAS Y LAS OTRAS PERSONAS SE SENTARON EN CUALQUIERA DE LAS FILAS RESTANTES!

13 x 4 = 52

13 x 5 = 65 (falta)

13 x 6 = 78 (me pasé)

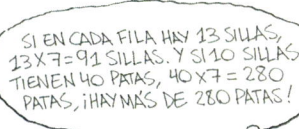

SI EN CADA FILA HAY 13 SILLAS, 13 X 7 = 91 SILLAS. Y SI 10 SILLAS TIENEN 40 PATAS, 40 X 7 = 280 PATAS, ¡HAY MÁS DE 280 PATAS!

MELINA

Para calcular la cantidad de filas ocupadas, Melina realizó la misma cuenta que Julieta, pero como no estaba segura de su resultado decidió realizar la *prueba de la división* que había aprendido el año anterior:

$\qquad$ 72 : 13 = 5, resto 7

$\qquad$ 13 x 5 = 65

$\qquad$ 65 + 7 = 72

¡Su cuenta era correcta! Sólo 5 filas se completaron.

Otras preguntas

● *Tanto Julieta como Melina se aproximaron al resultado exacto al averiguar la cantidad de patas. Pero, ¿quién se acercó más al resultado exacto? ¿Por qué?*

● *¿Cómo podés explicar, con palabras, la prueba de la división usada por Melina?*

● *Con respecto al resto de la división, los tres amigos estuvieron de acuerdo con su valor. Sin embargo, dieron diferentes respuestas. ¿Por qué? ¿Con cuál estás de acuerdo?*

Números, signos y paréntesis

¿PARÉNTESIS EN MATEMÁTICA? ¿PARA QUÉ?

Para resolver algunas de las situaciones que se nos presentan debemos **combinar operaciones**. Esto sucede porque a veces con un solo cálculo no se llega a la respuesta. Por ejemplo,

- al comprar más de una cosa en el kiosco, primero sumás los valores y después hacés una resta para comprobar si el vuelto es correcto;

- si querés regalar a 4 amigos el contenido de tres paquetes de caramelos, primero multiplicás para averiguar el total de golosinas que tenés y luego dividís para que cada uno reciba partes iguales.

Del mismo modo que para escribir y leer usamos letras y palabras en cierto orden, en Matemática también hay maneras de representar los cálculos para que todos entiendan. A nadie se le ocurriría escribir una suma de la siguiente manera:

¿A ESTO LLAMAN SUMA?

$$14 = 3 +$$

Existen reglas que indican el orden en que deben resolverse los cálculos.

Los paréntesis indican la operación que debe realizarse en primer lugar.

**Si en un cálculo se combinan diferentes operaciones
y no se colocan paréntesis, tenemos que:
1° resolver las multiplicaciones y divisiones;
2° resolver las sumas y restas.**

Si bien toda situación puede resolverse usando distintos procedimientos, hay que respetar estas reglas para llegar a resultados correctos.

Para responder entre todos

- *Expliquen el uso de los paréntesis en las resoluciones de Julieta y Sebi.*
- *Inventen situaciones de compra en el kiosco, en las cuales deban combinar operaciones.*
- *En cada situación, decidan si es necesario usar paréntesis. ¿Qué tuvieron en cuenta?*

Propiedades de las operaciones

Además de las reglas que existen para resolver los cálculos, las operaciones cumplen con ciertas propiedades. Por ejemplo:

$$5 + 81 = 81 + 5 \quad y \quad 37 \times 4 = 4 \times 37$$
$$86 = 86 \qquad\qquad 148 = 148$$

La suma y la multiplicación son **conmutativas**.

$$18 + (3 + 27) = (18 + 3) + 27$$
$$18 + \quad 30 \quad = \quad 21 \quad + 27$$
$$48 \quad = \quad 48$$

$$10 \times (5 \times 7) = (10 \times 5) \times 7$$
$$10 \times \quad 35 \quad = \quad 50 \quad \times 7$$
$$350 \quad = \quad 350$$

La suma y la multiplicación son **asociativas**.

Estas propiedades, con las que quizás trabajaste en años anteriores, son útiles al realizar aproximaciones y cálculos mentales con rapidez.

Para responder entre todos

● *La resta y la división, ¿cumplen estas propiedades? Justifiquen su respuesta con ejemplos.*

 *Actividad*

Paréntesis con sumas y restas

● *Resolvé sin usar lápiz ni papel (tampoco calculadora).*

52 + (18 + 2) - (30 - 20) =
(45 + 25) + (10 + 20) =
(33 - 3) - (15 - 5) =
24 + (13 + 13) =

● *Investigá en qué cálculos el resultado varía si no respetamos los paréntesis.*

● *Elegí uno de los cálculos y aplicá alguna de las propiedades que conocés para resolverlo más fácilmente.*

Volvamos a la resolución de nuestros amigos

Para averiguar la cantidad de sillas que tenía la sala de conferencias, Julieta y Melina hicieron distintos cálculos, pero llegaron al mismo resultado:

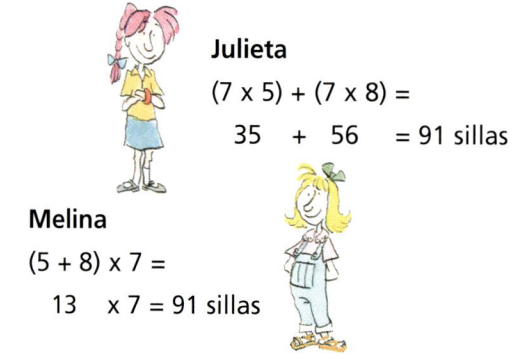

Julieta

$(7 \times 5) + (7 \times 8) =$

35 + 56 $= 91$ sillas

Melina

$(5 + 8) \times 7 =$

13 $\times 7 = 91$ sillas

Esto ocurre porque existe una propiedad que relaciona la suma con la multiplicación, la propiedad **distributiva**.

Veamos otro ejemplo: $9 \times (10 + 4) = 9 \times 14 = 126$

Primero resolvimos la suma y luego multiplicamos.

Pero también podemos multiplicar cada sumando por separado y luego sumar los resultados:

$$9 \times (10 + 4) = (9 \times 10) + (9 \times 4)$$
$$= \quad 90 \quad + \quad 36 \quad = 126$$

Para pensar

● *¿Cuál de las dos formas de resolución te pareció más fácil? ¿Por qué?*

● *Comprobá si, en el siguiente ejemplo, se cumple la propiedad distributiva de la multiplicación con respecto a la resta: 3 x (9 - 4) =*

● *Expresá con tus palabras la propiedad distributiva de la multiplicación con respecto a la suma.*

● *¿En qué situaciones puede ser útil esta propiedad? ¿Por qué?*

✎ *Actividad*

● *¿Qué propiedades se aplicaron en estos cálculos?*

13 x 4 x 9 = 13 x 36

63 + 15 + 7 + 5 = (63 + 7) + 20

11 x 63 = 63 x 10 + 63

Para resolver con rapidez

En general, las personas mayores buscan formas de resolver los cálculos rápidamente. Hay algunos *trucos* que es bueno conocer.

Para conocer y entender algunos de estos *trucos*, volvamos a la Biblioteca Nacional.

Multiplicación por 10, 100, 1.000...

La Comisión Directiva de la Biblioteca decide adquirir atriles para que los lectores apoyen los libros mientras leen. (Los atriles ayudan a mantener la correcta posición de la espalda al leer.)

Si se colocan 10 en cada una de las 24 mesas de una sala, ¿cuántos atriles se necesitan para cada sala?

$$10 \times 24 = 240 \text{ atriles}$$

Imaginen que esta Comisión está pensando en equipar 100 salas, ¿entonces?

$$100 \times 240 = 24.000 \text{ atriles}$$

MULTIPLICAR POR 10 Y LUEGO POR 100, ES LO MISMO QUE MULTIPLICAR DIRECTAMENTE POR 1.000 ¿ESTÁS DE ACUERDO?

1 x 10 x 100
1 x 1.000

> **Al multiplicar un número por la unidad seguida de ceros, se agregan al número tantos ceros como acompañen a la unidad.**

Multiplicación por números terminados en cero

En la Biblioteca hay otras salas. Cada una de ellas cuenta con 18 mesas grandes donde se colocarán 20 atriles. ¿Cuántos atriles serán necesarios para cada una de estas salas?

$$
\begin{aligned}
18 \times 20 &= (18 \times 2) \times 10 \\
&= 36 \times 10 \\
&= 360
\end{aligned}
$$

ENTONCES 31 x 200, ES 31 x 2: 62. Y DESPUÉS, 62 x 100, AGREGO DOS CEROS Y LISTO: 6.200.

> **Al multiplicar por un número redondo (20, 30, 400,...) se puede descomponer el número (2 x 10, 3 x 10, 4 x 100...), y resolver dos cálculos.**

Operaciones aproximadas

Los *trucos* que acabamos de ver sirven para estimar o aproximar algunos productos. Así, se redondean los factores al número más cercano seguido de ceros.
Veamos otros ejemplos.

31 redondeo a 30

1.980 redondeo a 2.000

31 x 1.980 es aproximadamente 30 x 2.000. Si aplicamos los *trucos*:

$$30 \quad x \quad 2.000 \quad =$$
$$(3 \times 10) \times (2 \times 1.000) \ = \ (3 \times 2) \ \times \ (10 \times 1.000)$$
$$= \quad 6 \quad x \quad 10.000$$
$$= 60.000$$

El resultado exacto de 31 x 1.980 es 61.380.

La diferencia entre el resultado exacto y el aproximado se llama **error de aproximación**. En nuestro ejemplo, el error es 1.380.

Para responder entre todos

- *¿Qué propiedades de la multiplicación aplicamos en estos trucos?*
- *¿En qué situaciones puede ser útil conocer el error de aproximación? ¿Por qué?*

 *Actividad*

En la Biblioteca

- *Una nueva colección de libros de historia fue donada por un socio. Está constituida por 10 tomos, todos de la misma cantidad de páginas. Si el número total de páginas de la colección es de 2.070, ¿cuántas páginas tiene aproximadamente cada tomo? ¿Cómo lo averiguaste?*

400   350   200   250

- *Una de las personas encargadas del mantenimiento de los libros decide comprar 39 docenas de cinta para encuadernar. Aproximadamente, ¿cuántos rollos comprará? Explicá tu procedimiento.*

¿Y las divisiones?

Otra compra

La Comisión Directiva también compró algunas computadoras, por un valor total de $ 3.879. Se pagarán en cuatro cuotas iguales.

✎ Actividad

- ¿Estás de acuerdo con el empleado?
- ¿Cómo explicarías el procedimiento para aproximar cocientes?
- ¿Cuál es el error de aproximación en este caso?

Melina, Sebi y Julieta

Nuestros amigos, mientras esperan un libro, miran las cuentas que la bibliotecaria hizo en un papel.

$$2.400 : 400 = \begin{array}{c|c} 24 & 4 \\ \hline 0 & 8 \end{array}$$

AL SUPRIMIR LA MISMA CANTIDAD DE CEROS EN EL DIVIDENDO Y EN EL DIVISOR, EL COCIENTE NO VARÍA.

Recordá,

DIVIDENDO	DIVISOR
RESTO	COCIENTE

DIVIDENDO = DIVISOR x COCIENTE + RESTO
La división es exacta cuando su resto es cero.

✎ Actividad

- Completá el siguiente cuadro.

DIVIDENDO	DIVISOR	COCIENTE	RESTO
3.987	29	......	.....
......	121	37	.....
15.923	.....	138	.....

Para resolver con lo que aprendiste

¿Qué operación?

● *Indicá qué operaciones se deben utilizar en cada una de estas situaciones.*

- Se quiere calcular el precio de una partida de libros conociendo el valor de cada libro.

- Un lector desea conocer la cantidad de ilustraciones que hay en tres libros de la misma colección, y sabe cuántas contiene uno de ellos.

- Se necesita adquirir revistas antiguas. El encargado conoce el precio de una decena de ellas y la cantidad de dinero con que cuenta para dicha compra.

- Un socio de la Biblioteca precisa saber el importe de la cuota mensual y conoce el importe a pagar en un año.

- Para llenar la solicitud de ingreso como socio benefactor, la bibliotecaria necesita saber la edad de los postulantes, y conoce la fecha de nacimiento de cada uno de ellos.

Paréntesis

● *Teniendo en cuenta los resultados, colocá los paréntesis en cada cálculo.*

$$9 + 8 \times 5 = 85 \qquad\qquad 24 : 4 + 48 : 6 = 14$$
$$16 - 4 - 2 = 14 \qquad\qquad 40 \times 5 - 2 = 120$$

● *¿Hay más de una manera de colocar los paréntesis? ¿Por qué?*

Seguimos con los paréntesis

Una de las bibliotecarias anota los movimientos del día. En el estante de *Poesía Infantil* había 35 libros, 20 de ellos de autores argentinos.

Se prestó la mitad de estos 20, se recuperaron 4 de la *colección Pajarito* y 8 de la serie *El pez dorado*. La bibliotecaria realiza entonces el siguiente cálculo.

$$35 - (20:2) + (4+8) =$$

● *Respondé.*

- ¿Es correcto el cálculo? Justificá tu respuesta.

- Resolvélo respetando los paréntesis.

- Si no tenés en cuenta los paréntesis, ¿qué resultado obtenés? ¿Por qué?

Productos en cajas

● *Elegí el producto que te ayude a aproximar estos cálculos. Obtené el resultado mentalmente.*

89 x 98 =

111 x 535 =

61 x 386 =

18.000: 9.000 =

7.867: 4 =

58 x 69 =

Cajas: 8.000:4, 100x500, 60x400, 18x9, 90x100, (50x70)+(80x70)

Respuestas aproximadas

● *Colocá una cruz en la respuesta que consideres más aproximada.*

Al finalizar, compará tu trabajo con el de otro compañero.

- ¿Cuántas veces está incluido el número 5 en 525?

10   200   100

- ¿Cuántos paquetes de 7 libros puedo hacer con 225 ejemplares?

100   150   30

- ¿Qué cantidad de personas hay en 43 mesas si en cada mesa se sentaron 8?

410   320   230

- ¿Cuál es el total de libros que hay en tres estantes con 298, 1.900 y 11.100 libros respectivamente?

12.300   15.300   18.300

● *En la última pregunta, calculá también el error de aproximación.*

Al terminar la visita

Cuando los chicos llegaron a la biblioteca había 3.788 lectores. Mientras esperaban en la recepción, se retiraron 579. Sebi registra que, hasta el momento en que ellos mismos deciden irse a sus casas, se retiraron del lugar 168 personas más y entró un tercio de la cantidad anterior.

● *¿Cuántas personas hay en la biblioteca cuando los chicos deciden irse?*

- Planteá un cálculo combinado para hallar la respuesta.

- Primero aproximá el resultado y luego hallá el valor exacto.

- No olvides averiguar el error de aproximación.

Para resolver con calculadora

La mayoría de las calculadoras realizan los cálculos en el orden en que son ingresados, sin tener en cuenta las reglas que aprendiste.

Por eso, al resolver cálculos con paréntesis en la calculadora se usan las teclas de memoria.

M+: acumula los sumandos y los minuendos, cumple la función de los paréntesis en los que hay sumas y restas.

M-: acumula los sustraendos, es decir, remplaza los paréntesis en los que se resta.

MR: permite ver el resultado de aquello registrado en la memoria.

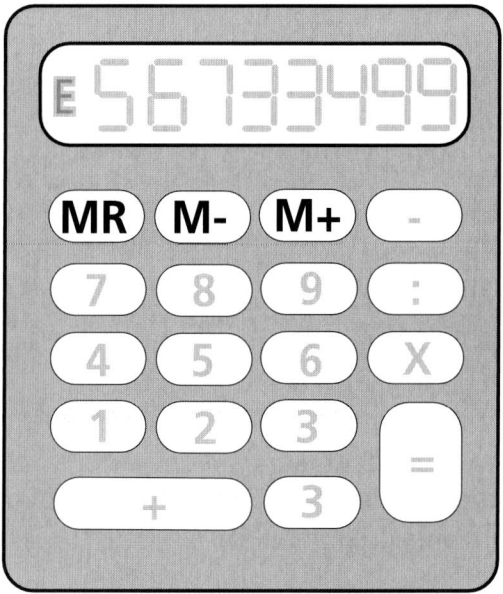

✎ *Actividad*

● *Para calcular (20 x 36) + (15 x 33) es necesario teclear:*

20 x 36   (M+) ⟨ ⟩
15 x 33   (M+) ⟨ ⟩
            (MR) ⟨ ⟩

- Colocá los resultados que aparezcan en el visor.

- ¿Qué resultado obtenés con la calculadora si no utilizás las teclas de memoria?

● *Realizá los mismos pasos con una resta de divisiones:* (81: 3) - (88: 4) =

● *Tecleá:*

81: 3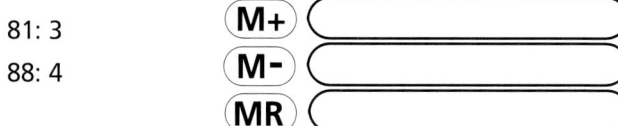
88: 4

● *Realizá las siguientes operaciones en tu calculadora, usando las teclas de memoria.*

(467 x 21) - (45 x 54) =
234 + (23 x 12) - (486: 9) =

Juegos con calculadora

Descubrí

● *¿Qué número dividido por 8 tiene como cociente 999 y como resto cero?*

● *¿Por qué número se debe multiplicar 11 para que el producto sea 12.499?*

● *Si se introduce en la calculadora el número 5.678, ¿qué operación y qué número se deben teclear para que en el visor aparezca 1.234?*

● *El número 1.190 resulta de multiplicar dos números consecutivos. ¿Cuáles son?*

Desafío
● *Tratá de que aparezca el número 1.001 usando solamente estas teclas*

● *¿Cuántas veces apretaste cada tecla? ¿Pudiste hacerlo con diez o menos pulsaciones? ¡Intentálo!*

Para comprobar lo que aprendiste

Leemos acerca de Colón

En su **primer viaje** Colón partió de España con 3 naves (Santa María, La Pinta y La Niña) y 87 hombres: un alguacil para mantener el orden, dos representantes del rey, dos intérpretes, 10 personas encargadas de atender a la tripulación. El resto estaba compuesto por marineros y pilotos.

El 12 de octubre de 1492 arribó a tierras americanas, a una isla que llamó San Salvador, en el archipiélago de las Bahamas. El 24 de diciembre de ese año la Santa María encalló y debió dejar en esas tierras a 39 de sus hombres.

Al año siguiente organizó su **segundo viaje**, esta vez con 17 naves y 1.200 hombres.

El **tercer viaje** se realizó en 1498. Partieron 8 naves y 226 hombres. Entre las provisiones había: 1.600 kilos de trigo en grano y 2.500 kilos molido, 17.000 kilos de vino en toneles, 1.300 kilos de carne salada, 900 kilos de queso, 7.000 kilos de galletas secas y 55 kilos de ajos.

El **cuarto viaje** contó con 4 naves y una tripulación igual al doble de la del primer viaje más la mitad de la del tercero, menos la tercera parte de 411.

● ¿Cuántos tripulantes del primer viaje eran navegantes?
¿Con cuántos hombres regresa Colón en el primer viaje?

● ¿Cuál es la diferencia de naves y tripulación entre el primero y el segundo viaje?
¿Por qué creés que fue así?

● Estimá mentalmente los kilogramos de alimentos que se llevaron en el tercer viaje.

● ¿Qué cantidad de kilogramos había para cada tripulante, si a cada uno le correspondía la misma ración?

● Planteá un cálculo combinado para calcular la cantidad de tripulantes del cuarto viaje.

Melina comenta lo que leyeron en clase: en el siglo XVI, después de los viajes de Colón, se embarcaron hacia América gran cantidad de personas. Les plantea a sus amigos esta situación para que adivinen cuál fue esa cantidad: *si a ese número lo divido por 250, el resultado es 1.000.*

● Después de encontrar el número, calculá en cuánto aumentó la cantidad de personas embarcadas hacia América desde 1492 hasta el siglo XVI.

● Con los datos del texto que vimos, inventá un problema que se resuelva con multiplicaciones y divisiones.

UNIDAD 4

Teoría de números

¿Qué día de la semana naciste?
¿Cómo podés averiguarlo
sin consultar un calendario?

Números y tiempo

Atrapar el tiempo en una máquina... ¿suena a magia, no?

Medir el tiempo fue una preocupación que surgió casi simultáneamente con la agricultura, ante la necesidad de determinar con mayor precisión las épocas de siembra y cosecha.

Cuando los relojes aún no existían, las personas se basaban en otras cosas para darse cuenta del paso del tiempo.

Para ordenar y programar sus actividades, las distintas culturas observaban el Sol, los cambios lunares, las estrellas, las estaciones... hechos que se suceden una y otra vez, y duran más o menos lo mismo.

La astronomía, la matemática y hasta la religión ayudaron a la creación de **calendarios**, mediante la observación de los astros, las estaciones y otros ciclos regulares de la naturaleza.

Estos primitivos calendarios eran bastante precisos para su época, pese a que entonces no se sabía con exactitud cuánto demoraba la Tierra en dar una vuelta completa en su órbita. Ahora sí lo sabemos: 365 días, 5 horas, 48 minutos y 46 segundos.

Calendario maya.

Calendario azteca.

● ¿Cuántas semanas hay en un año? ¿Cómo lo averiguaste?

Para resolver con lo que sabés

Siete amigos

Don Silvio es muy organizado. Tiene siete amigos, con los cuales mantiene un rito de visitas. El primero lo visita cada tarde; el segundo, cada dos tardes; el tercero, cada tres tardes; el cuarto, cada cuatro tardes y así sucesivamente hasta el séptimo, al cual ve sólo cada séptima tarde.

Lunes	Martes	Miércoles
1er. día: señor A	2do. día: señor A y señor B	3er. día: señor A y señor C

A

B A

C A

Jueves

4to. día: señor A, señor B y señor D

D B A

Viernes

5to. día:...

- *Durante la primer semana, ¿cuál es el día en que se encuentran más amigos?*
  ¿Y en la segunda semana?
- *En un año, ¿algún día se encuentran todos? ¿Por qué?*
- *Si hoy se encontraron todos, ¿cuántos días faltan para que se vuelvan a encontrar?*
- *Cuando se encuentran todos juntos es habitual que brinden. En estas ocasiones,*
  ¿cuántas veces se chocan las copas?

La teoría de números estudia las relaciones y propiedades de los números naturales. Esto permite definir relaciones como las de múltiplos y divisores, determinar qué reglas nos permiten saber si un número es divisible por otro, etcétera. En esta unidad trabajaremos sobre estas nociones.

Posibles resoluciones

Para solucionar el problema de los siete amigos, algunos chicos de quinto propusieron las siguientes resoluciones.

PEDRO

Este amigo tomó un calendario y comenzó a tachar cada dos días con un color, cada tres días con otro, y así sucesivamente, identificando cada amigo de don Silvio con un color.

D	L	M	M	J	V	S
		1	2	3	4	5	6
7	8	9	10	11	12	13
14	15	16	17	18	19	20
21	22	23	24	25	26	27
28	29	30	31			

Para averiguar cuántas veces chocaban las copas, dibujó una mesa redonda y colocó a los ocho amigos en el borde. Luego unió con líneas los saludos.

LAURA

Cuando tomó un calendario, pensó:

Primer amigo: todos los días.

Segundo amigo: los días 2, 4, 6, 8, ..., 30, 32, ... o sea, los días pares.

Tercer amigo: los días 3, 6, 9, ..., 30, 33, 36,... o sea los múltiplos de 3.

Cuarto amigo: los días múltiplo de 4: 4, 8, 12...

Quinto amigo: los días múltiplo de 5: 5, 10, 15...

Sexto amigo: los días múltiplo de 6: 6, 12, 18...

Séptimo amigo: los días múltiplo de 7: 7, 14, 21...

ENTONCES SE ENCUENTRAN CADA: 2×3×4×5×6×7.

Para saber cuántas veces se chocaron las copas pensó que si bien eran 8 personas, cada una saludaba a otras 7. Entonces:

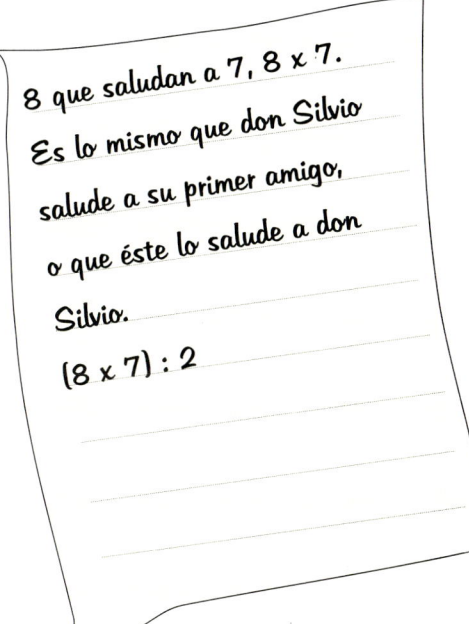

8 que saludan a 7, 8 x 7.
Es lo mismo que don Silvio salude a su primer amigo, o que éste lo salude a don Silvio.
(8 x 7) : 2

✏ *Actividad*

- *Explicá cada una de estas resoluciones con tus palabras.*

- *Buscá los resultados de cada una.*

- *Comparálas con las que vos propusiste.*

Múltiplos y divisores

Vamos a estudiar ahora algunas relaciones que se dan entre los números enteros. Nos permitirán avanzar en la resolución de problemas como el que planteamos al comienzo de la unidad.

Cuando el producto de dos números naturales es 18, decimos que cada uno de los números es factor de 18. Claro que tenemos más de una posibilidad, ya que hay más de un par de números que multiplicados dan 18. Veamos.

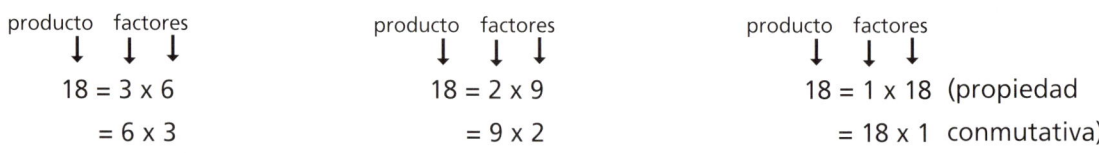

producto	factores			producto	factores			producto	factores	
↓	↓	↓		↓	↓	↓		↓	↓	↓

18 = 3 x 6   18 = 2 x 9   18 = 1 x 18 (propiedad
 = 6 x 3   = 9 x 2   = 18 x 1 conmutativa)

Todos los factores de nuestro ejemplo, 1, 2, 3, 6, 9, 18, son **divisores** de 18. Reciben este nombre porque:

18 : 1 = 18   18 : 2 = 9   18 : 3 = 6
18 : 18 = 1   18 : 9 = 2   18 : 6 = 3

Todos estos números dividen a 18 en forma exacta, es decir, tienen resto igual a 0.

A su vez, decimos que el 18 es **múltiplo** de todos sus divisores, ya que éste se obtiene al multiplicar cada divisor por otro número.
En general, llamamos múltiplos de un número a todos los que se obtienen al multiplicar dicho número por 1, 2, 3, 4...
Por ejemplo,

los múltiplos de 3 son: 3, 6, 9, 12, 15, 18, 21, 24, 27, 30, 33, 36, 39, 42, 45...

PARECE FÁCIL. PERO, ¿CUÁLES SON TODOS LOS DIVISORES DE 20? ¿ME AYUDÁS?

¿ALGUNA VEZ TERMINARÉ DE ANOTAR LOS MÚLTIPLOS DE 3? A VOS, ¿QUÉ TE PARECE?

Si un número cualquiera **a** es múltiplo de otro **b**
quiere decir que **b** es divisor de **a**.

a = 18 es múltiplo de 6 = b

entonces b = 6 es divisor de 18 = a

Para resolver con lo que aprendiste

A buscar divisores

● *Escribí en tu carpeta los siguientes números como producto de otros dos. Buscá la mayor cantidad de posibilidades.*

12   34   25   28   13

- Al terminar, compará tu trabajo con el de otros compañeros. No tengas en cuenta los que contengan los mismos factores aunque estén en otro orden (propiedad conmutativa).

- Registrá todas las posibilidades e indicá los divisores de cada número.

● *¿Cuál es el que posee mayor cantidad de divisores?*

¿Hay algún número menor que tenga mayor cantidad de divisores? ¿Por qué?

Árboles con factores

Pedro encontró una manera de registrar los factores que dan por resultado 18. Se conoce como *diagramas arbolados.*

● *Completá los árboles de estos números, descomponiéndolos en multiplicaciones hasta que no puedas hacerlo más:*

42   25   36   23

6 x 7   ..... x .... x .... x .....

..... x .....

● *¿Podés inventar más de un árbol para cada número? ¿Por qué?*

● *Observá dos árboles que pertenezcan a un mismo número. ¿Cómo son sus últimas ramas?*

Para pensar

● *Buscá el menor número que tenga como divisores a 2, 3 y 5.*

● *Buscá un número de tres cifras que tenga a 2, 3 y 5 como divisores. ¿Hay más de uno? ¿Por qué?*

● *¿Qué número entre 1 y 100 tiene más divisores? ¿Cómo lo averiguaste?*

Números primos y compuestos

Todos los números tienen divisores, pero... ¿cuántos?

Fijáte lo que sucede con los trece primeros números naturales.

NÚMERO	DIVISORES DE	CANTIDAD DE DIVISORES
1	1	1
2	1 y 2	2
3	1 y 3	2
4	1, 2 y 4	3
5	1 y 5	2
6	1, 2 y 3	3
7	1 y 7	2
8	1, 2, 4 y 8	4
9	1, 3 y 9	3
10	1, 2, 5 y 10	4
11	1 y 11	2
12	1, 2, 3, 4, 6 y 12	6
13	1 y 13	2

Si no incluimos al número 1, podemos clasificar los números en dos grupos:

- aquellos que tienen dos divisores: **números primos**.
Por ejemplo: 2, 3, 5, 7, 11, 13...

- aquellos que tienen más de dos divisores: **números compuestos**.
Por ejemplo: 4, 6, 8, 10, 12...

Para responder entre todos

● *El cero, ¿es divisor de algún número? ¿Por qué?*
● *El uno, ¿es divisor de todos los números? ¿Por qué?*
● *¿Es cierto que todo número es múltiplo de sí mismo y del uno?*

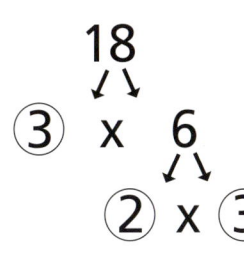

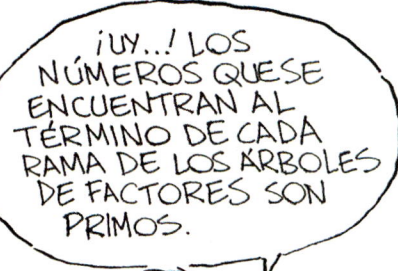

Todo número compuesto mayor que 1 se puede escribir
como producto de números primos. Por ejemplo:

18 = 2 x 3 x 3

70 = 2 x 5 x 7

Los números primos sólo aceptan como factores
a ellos mismos y a la unidad:

3 = 3 x 1

19 = 19 x 1

✎ *Actividad*

- *Escribí los números primos comprendidos entre 40 y 80.*
- *Indicá si los siguientes son números primos.*
- *Descomponé cada número realizando un diagrama arbolado.*

    123   199   229

- *17 y 71 son números primos.*

Encontrá otros pares de números primos que se escriban con las mismas cifras.

Para resolver con lo que aprendiste

Cajas de botellas

Julio trabaja en la bodega de su familia. Es el encargado de preparar los envíos. En este momento está tratando de hallar la mejor manera de enviar 124 botellas en cajas, ya que su destino es un país extranjero.
Ayudálo a resolver el problema.

- *Registrá todas las posibilidades que encuentres en una tabla.*
- *Decidí cuál es la mejor posibilidad y explicá por qué.*

Chocolates en paquetes

En un negocio tienen una cierta cantidad de chocolates que deben empaquetar de 4 en 4, de 6 en 6 y de 12 en 12, sin que sobre ninguno.

- *¿Con cuántos chocolates pueden contar?*
¿Hay más de una posibilidad? ¿Por qué?

Formación

En el próximo desfile de la policía participarán 144 agentes.
- *Investigá de cuántas maneras distintas se pueden formar.*
- *Registrá todas las posibilidades en una tabla.*
- *Decidí cuáles son las más convenientes y justificá por qué.*

El amigo invisible

Los chicos de quinto juegan a *El amigo invisible*.
En la primera carta que le llega a Pedro, su amigo le dice
que sólo tendrán pistas verdaderas los mensajes con las siguientes características:

- llevará dos números;
- el primer número será divisor del segundo;
- el número de palabras del mensaje será múltiplo del número de letras de la primera palabra;
- el número no se cuenta como palabra.

¿Algunos de los siguientes mensajes contienen pistas ciertas sobre el amigo invisible de Pedro?

Pedro:

1- Perro no tengo.

2- Loro tampoco.

¿Quién soy?

Mensaje número 6

Hoy estuve con vos en el recreo. Charlamos con otros amigos sobre fútbol. Comimos 48 caramelos de menta.

Suerte.

Mi querido amigo:

después de pensar durante 10 minutos, te escribo esta carta para contarte que tengo una hermana de 21 años.

Día 3, mes 9

Esta es la última carta.

Estoy sentado detrás tuyo.

Mi cabello es castaño.

• Ahora podés organizar con tus compañeros el juego del *amigo invisible* y usar este código secreto para escribir mensajes.

Diálogo

Dos amigos que llevaban mucho tiempo sin verse, se encuentran y mantienen el siguiente diálogo.

–¿Cuántos años tienen ya tus tres hijas?

–El producto del número de años que tienen es 36 y su suma es igual al número de tu casa. ¿Adivinás?

–Me falta un dato.

–¡Ah, es cierto!– piensa. –La mayor toca el clarinete.

• *¿Qué edades tienen las hijas de este señor?*

Para comprobar lo que aprendiste

Como ya te contamos, para dar una vuelta completa alrededor del Sol, la Tierra tarda algo más de 365 días. Se decidió, entonces, que uno de cada 4 años sea *bisiesto*, es decir, que tenga 366 días.

Son años bisiestos aquellos que son múltiplos de 4 -1612, 1724, 1860, 1996-, o aquellos que corresponden a una centena exacta, múltiplos de 400 -1200, 1600, 2000-.

● *¿En qué año naciste? ¿Fue bisiesto? ¿Cuál es el próximo año bisiesto?*

● *¿En el 2000, cuál será el día de tu cumpleaños?*

● *¿En qué día de la semana cayó el 25 de mayo de 1810? ¿Y el 9 de julio de 1816?*

Con la ayuda del calendario, podés comprobar que el día de semana de una fecha cualquiera no coincide con la del año siguiente. Por eso proponemos realizar ciertos ajustes.

1ª propuesta
Considerar que el último día del año y el día bisiesto se declaren días extrasemanales, que se colocarán al final de junio y diciembre. El año contará con 13 meses de 28 días, intercalando un mes entre junio y julio.

2ª propuesta
Mantener los 12 meses agrupados en trimestres. El primer mes de cada trimestre empieza en domingo y tiene 31 días; los otros dos meses tienen 30 días cada uno.

● *Armá, ahora, los calendarios correspondientes a estas propuestas.*

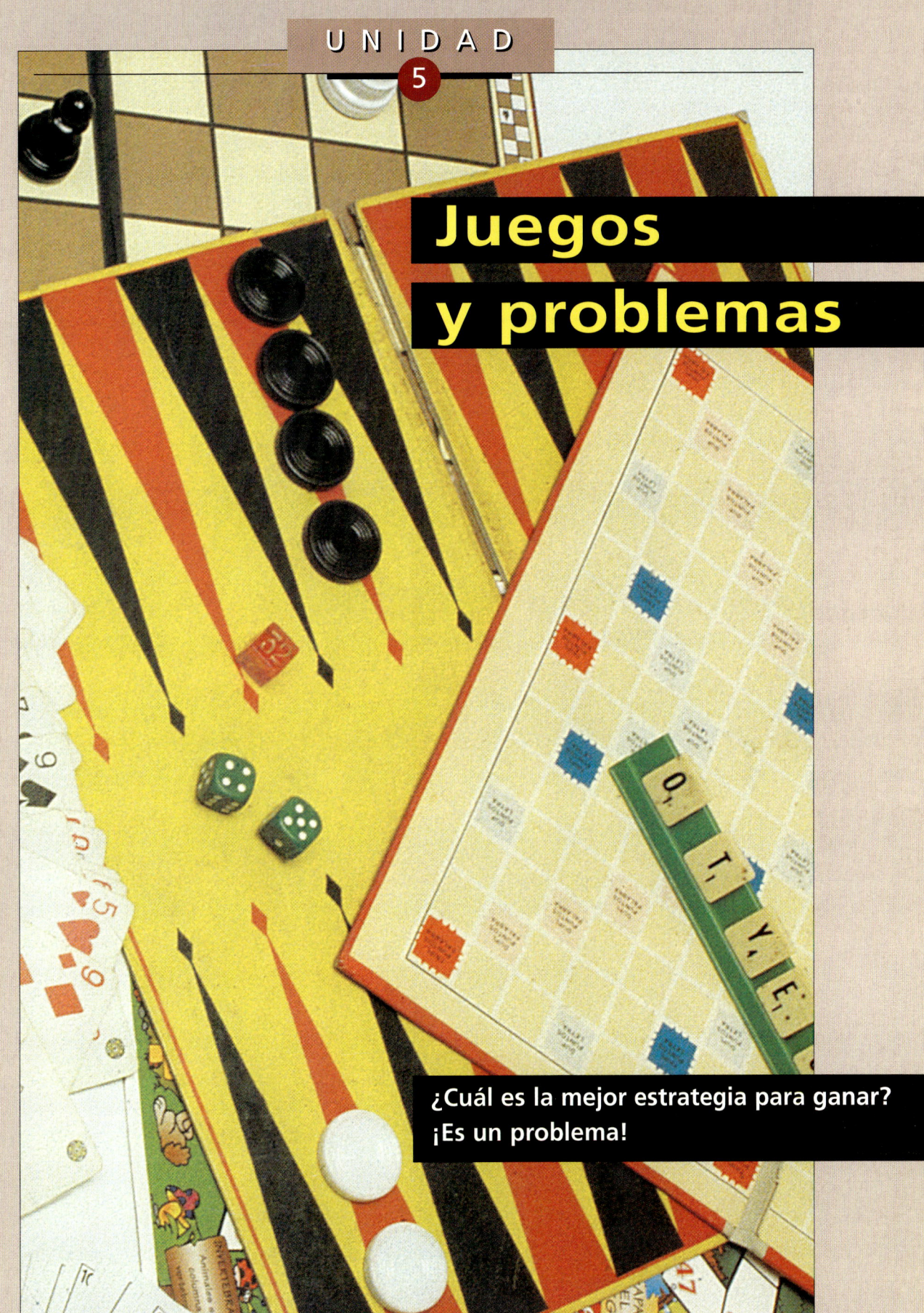

Juegos
y problemas

¿Cuál es la mejor estrategia para ganar?
¡Es un problema!

Juguemos un poco:
semillas y granjeros

Éste es un antiguo juego de estrategia.

Fabricá un tablero que tenga dos filas con cinco casilleros cada una. Necesitarás 26 porotos, fichitas o piedritas, 13 para cada jugador o equipo participante.

La figura muestra la posición inicial del juego y el sentido en que se podrán mover las fichas.

Cada jugador será dueño de un campo formado por 5 casillas, el de arriba o el de abajo.

Un movimiento consiste en juntar todas las semillas de un casillero y sembrarlas una por una en los casilleros siguientes, respetando el sentido de las flechas. Supongamos que se mueven tres semillas de una parcela; entonces se repartirá una para el casillero siguiente, otra para el que continúa y otra para el tercero.

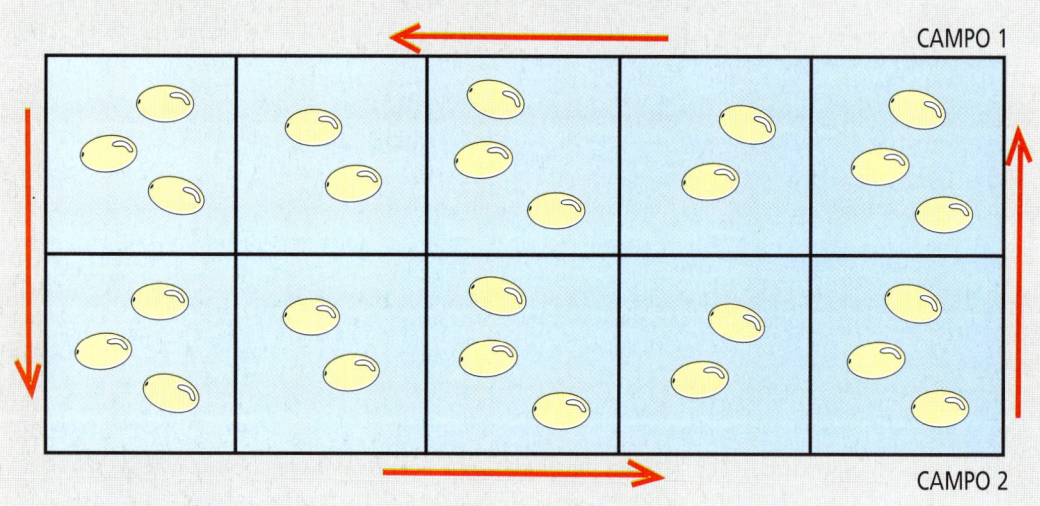

CAMPO 1

CAMPO 2

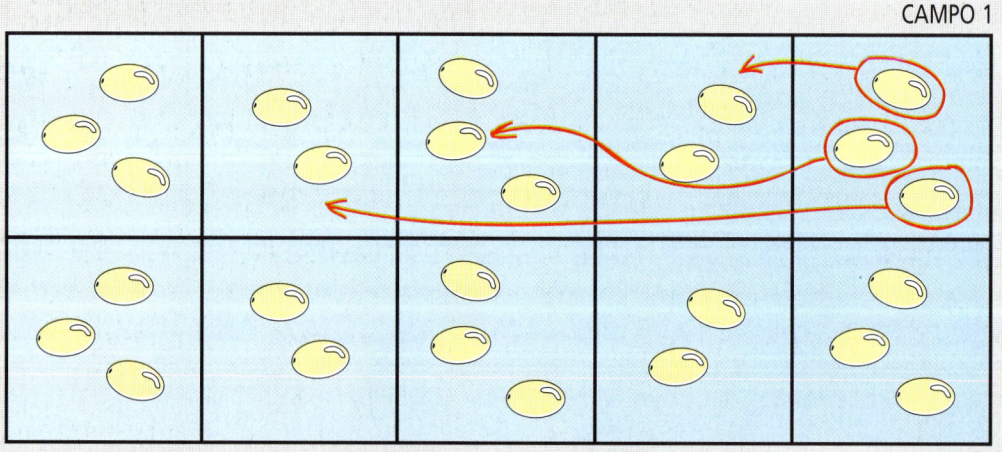

CAMPO 1

CAMPO 2

Cada jugador puede mover sólo las semillas de su campo, pero puede sembrar en su campo y en el del vecino.

Sólo pueden moverse cantidades impares de semillas; si en un casillero hay un número par de semillas (por ejemplo, cuatro) no podrán moverse hasta que se siembre otra y se convierta en una cantidad impar.

Ganará quien logre que el campo contrario tenga todos los casilleros con números pares de semillas y, por lo tanto, no haya posibilidad de hacer más movimientos.

El tablero es fácil de dibujar, piedritas o porotos encontrás en cualquier lado, así que ahora... ¡a jugar!

Para resolver con lo que sabés

● *Jugar a* semillas y granjeros *es un problema. ¿Por qué?*

● *¿Hay alguna regla para mover las fichas que permita asegurar la victoria? ¿Por qué?*

● *Hacé una lista con otros juegos que realices con tus compañeros en el recreo.*
- *¿En cuáles resolvés problemas? ¿Qué problemas?*
- *¿Son problemas matemáticos? ¿Por qué?*

Una vez que hayas jugado varias veces, descubrirás que existen secretos que permiten ganar. Es decir, que podés plantear una estrategia en el movimiento de las fichas, seguir determinados pasos para encontrar el resultado buscado, y ganar.

En esta unidad vamos a pensar distintas estrategias que sirven para resolver diferentes tipos de problemas, y no sólo los matemáticos. Muchas revistas contienen juegos con enigmas, acertijos y desafíos en los que podrás ponerlas en práctica.

Algunos problemas

En la escuela muchas veces resolvemos problemas, sobre todo en las horas de matemática. A veces son sencillos, y todo se resuelve con un gráfico o una cuenta. Otras veces parecen difíciles, necesitamos buscar un procedimiento adecuado y tardamos mucho en dar con la respuesta.

Para empezar, te proponemos uno.

Según nos cuenta el dueño de un taller de autos, hubo un tiempo en que tenía cuatro empleados, quienes creían que siempre es mejor competir que ganar.

Los cuatro empleados decidieron correr una carrera, pero como nadie quería hacer alarde del primer puesto, contaron de esta manera los resultados.

- Pocho no fue primero ni tercero.

- Tito, que quería mucho a Pedro, contó que lo había superado en dos puestos.

- Marcelo quedó dos puestos atrás de Pocho.

● *¿En qué orden llegaron estos humildes muchachos?*

Para resolver problemas es bueno anotar las ideas que van surgiendo, intentar diferentes caminos, pensar y estudiar por qué un camino no sirvió, en qué se diferencia de otros, si ésa es la mejor estrategia, si se puede probar otra más simple, etcétera.

Para resolver un problema lo primero que tenemos que hacer es leer con atención el enunciado y determinar qué es lo que debemos averiguar.

🖉 *Actividad*

Ana y Andrés van a un festival artístico el sábado a las 15 hs. En la entrada les entregan el siguiente folleto.

Coros escolares
15:15 hs y 18:15 hs

Concurso de pintura
sobre paredes
12 hs y 17 hs
Duración, una hora.

Bailes folclóricos
16:10 hs y 19:30 hs

Estatuas vivientes
15:30 hs y 18:55 hs

● *¿Podrán asistir a todos los espectáculos y actividades?*

● *¿Qué recorrido y horarios les aconsejarías?*

● *¿En qué momento les quedaría tiempo libre para comer un pancho y tomar una gaseosa?*

● *¿Sería útil hacer una tabla para clarificar la información? ¿Por qué?*

● *¿Hay una sola opción para el recorrido?*

Buscando estrategias

A veces, para encontrar la solución de un problema nuevo, es útil pensar en problemas similares que hayamos resuelto en otras ocasiones.

Probar también vale

Nuestros amigos visitaron la fábrica de don Crispino y éste, a la salida, les regaló lápices. A Zulema le dio 7 lápices más que a Diego y a Diego 6 más que a Aurelia. Entre los tres tenían 31. ¿Cuántos lápices le tocaron a cada uno?

- *Probá con algunos números para poder resolver el problema.*
Por ejemplo,
si Zulema recibió 10,...
si Zulema recibió 16,...

- *¿Para qué te sirvió esta estrategia?*
- *¿En qué otro tipo de problemas es conveniente usarla y en cuáles no? ¿Por qué?*
Pensá algunos ejemplos que expliquen tus respuestas.

- ¿Cómo es la estrategia que propone este amigo?

Facilitando las cosas

Quinto grado organiza un torneo de truco por parejas.
Con el dinero que recauden se irán de campamento a Córdoba.
Los chicos son los encargados de armar la tabla de jugadas, en donde se indicará con quién debe jugar cada pareja participante.
Se han inscripto 16 parejas y deben jugar todos contra todos. Hacer la tabla de combinaciones resulta difícil. Pero Luis tuvo una idea.

- *¿Qué le contestarías a este amigo?*
- *¿Es útil esta estrategia? ¿Por qué?*

Por ejemplo, para saber si la línea de colectivos 1000 nos lleva desde Av. El Rey León al 100 hasta Clemente al 400, seguro que parte de la siguiente información nos es muy útil, mientras que otros datos no son necesarios.

La información que hace falta para resolver un problema no siempre se presenta de la misma manera.

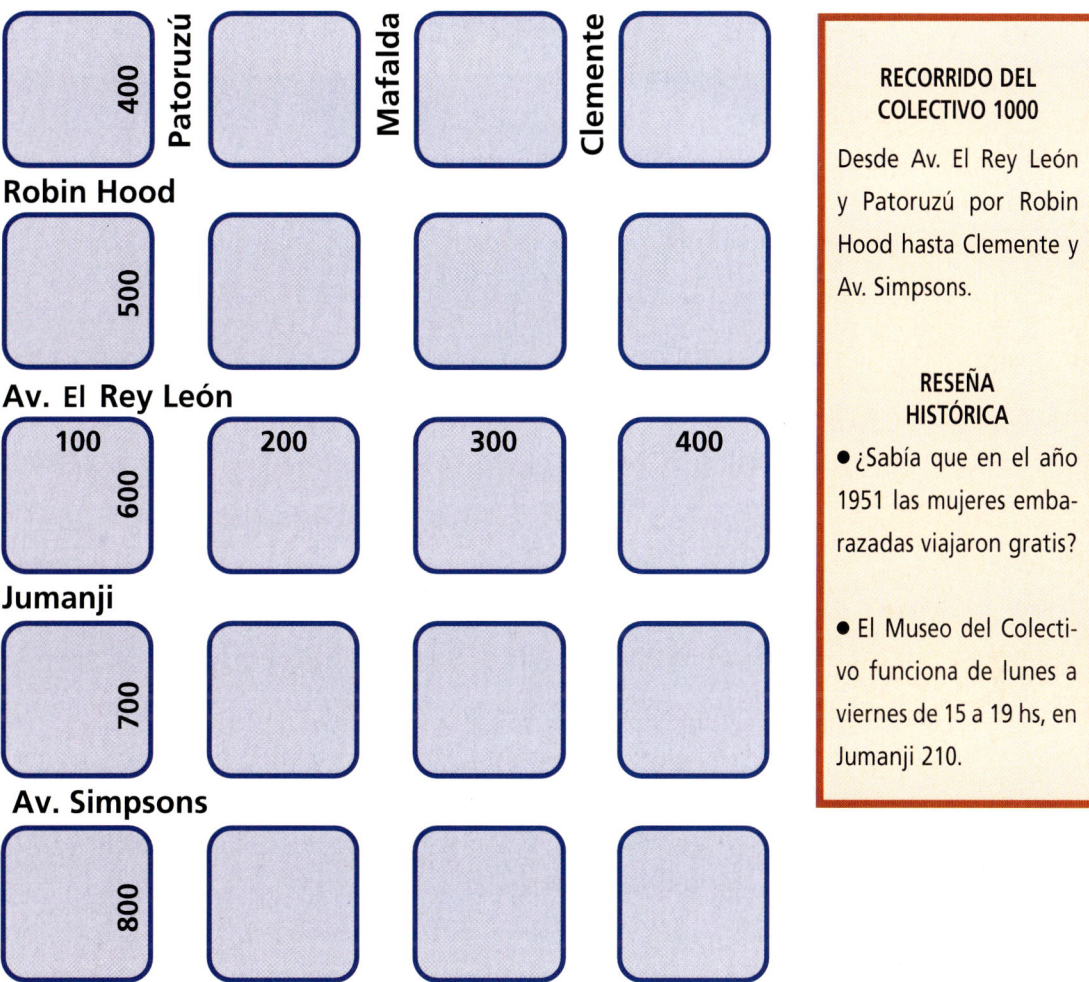

RECORRIDO DEL COLECTIVO 1000

Desde Av. El Rey León y Patoruzú por Robin Hood hasta Clemente y Av. Simpsons.

RESEÑA HISTÓRICA

● ¿Sabía que en el año 1951 las mujeres embarazadas viajaron gratis?

● El Museo del Colectivo funciona de lunes a viernes de 15 a 19 hs, en Jumanji 210.

Para responder en pequeños grupos

● *Piensen distintas situaciones en las que necesiten parte de la información recién presentada.*

● *Cada situación requiere determinada información y no otra. Realicen un listado con la información necesaria en cada una de las situaciones que pensaron.*

Para resolver

Marcá con una cruz la información que falta en cada enunciado.

● *Corina fue a la disquería y compró 6 discos compactos. Uno de ellos costaba $ 14. ¿Cuánto gastó en total?*

- El título de los discos.
- La duración de los discos.
- El precio de los otros discos.
- La oferta del día de ese negocio.

● *En la disquería encargaron a un proveedor tres cajas con auriculares. Cada auricular tiene un costo de $ 5. ¿Cuánto le cuesta a la disquería esa compra?*

- El precio de venta de cada auricular.
- La cantidad de auriculares que tiene una caja.
- El peso de cada auricular.
- La cantidad de cajas que traía el camión distribuidor.

● *Inventá una situación parecida a las anteriores para que la resuelva un compañero.*

Inventá preguntas, teniendo en cuenta la información que tienen Marcela y Martina.
● Paseando por una calle céntrica, Marcela vio en la vidriera de una juguetería un gran cartel que decía *ofertas*, con los siguientes precios.

● Martina colecciona figuritas de distintos personajes. Para saber la cantidad de figuritas que tiene, armó el siguiente cuadro:

Con brillitos	Con felpa	Metalizadas	Comunes
45	27	30	110

Transformá el siguiente texto de manera que sólo tenga la información necesaria para responder la pregunta que encontrarás al final.

Delfina tiene 10 años y dos hermanos mayores: Hernán, de 12, y Julio, que está en noveno año.
A Delfina le gusta investigar sobre los animales, recortar fotos de ellos y anotar curiosidades en una libreta que le regaló su abuela Ángela el mes pasado.
La libreta tiene 15 renglones en cada página. Delfina tiene pegadas 2 fotos de gorilas, 5 de elefantes, 6 de jirafas y 10 de perros de diferentes razas. Cada foto ocupa el ancho de la libreta y 6 renglones.
Esta semana anotó la cantidad de años que pueden vivir diferentes animales, usando para cada animal un renglón diferente: tortuga, 150 años; elefante, 80 años; chimpancé, 40 años; perro, 14 años; caballo, 17 años, y canario, 20 años.
La semana pasada Delfina se enojó con Hernán porque le pisó su libreta y arrugó dos hojas. Se encerró en su cuarto, las estiró y escribió 8 renglones sobre los cuidados que una leona da a sus cachorros.

● *¿Cuántas páginas de la libreta tiene ocupadas Delfina hasta este momento?*

¿Cómo ordenarías las preguntas?
Don Crispino, dueño de una fábrica de lápices, envió a la librería *La Preferida* el siguiente pedido: 34 cajas con 15 atados de 10 lápices cada uno.
La librería vendió en la primera semana 20 docenas de lápices y a la semana siguiente, 1.800 lápices.

- ¿Cuántos lápices vendió *La Preferida* en 15 días?
- ¿Cuántos lápices tiene cada caja enviada por don Crispino?
- ¿Cuántos lápices vendió la librería en la primera semana?
- ¿Cuántos lápices compró la librería?

Con dibujos y gráficos

Muchas veces, para resolver un problema, es conveniente hacer un dibujo o un gráfico. Esos elementos pueden servir para aclarar tus ideas.

Actividad

¡Los chicos se fueron de campamento!

Los chicos organizaron entretenidas caminatas. Después de recorrer 639 metros, encontraron un tronco hueco que transformaron en un túnel para jugar. Desde allí caminaron 489 metros más e hicieron una guerra de agua.

La recorrida finalizó 1 kilómetro después, y allí finalmente almorzaron.

● *¿Cuántos metros recorrieron desde el lugar de la guerra de agua hasta el lugar del almuerzo?*

● *¿A cuántos metros del campamento hicieron la segunda parada?*

● *Si tuvieras que realizar un dibujo del recorrido, ¿qué otro dato necesitarías? ¿Por qué?*

En la zona del campamento abundan los árboles. Los chicos preguntaron a los lugareños y averiguaron que $\frac{1}{3}$ de los árboles son frutales, que 10 son sauces; 4, pinos; y 9, robles.

● *¿Cuántos frutales hay?*

Para comprobar lo que aprendiste

Un castillo medieval

Existe un castillo medieval cuyos patios se encuentran embaldosados con cerámicos hexagonales que forman maravillosos dibujos. Gente de todo el mundo visita el castillo para ver tal obra de arte.

Durante el último año, un temblor movió de lugar siete mosaicos, sin dañarlos.

Un grupo de artistas se ofreció para reparar el daño y colocarlos de nuevo en el sitio correspondiente. Sin embargo, no lograron resolver el rompecabezas ya que, por más que lo intentaron, no pudieron reconstruir el diseño del que formaban parte las baldosas.

Un descendiente de los caballeros medievales dueños del castillo les comentó que en la parte inferior de cada mosaico hallarían un número que les indicaría la correcta ubicación, pero... hay una regla de oro.

Nunca deben tocarse dos mosaicos que tengan números consecutivos ni tampoco dos cuyos números empiecen con la misma letra, como siete y seis.

●*¿De qué manera deberán colocarse entonces?*

●*¿Pudiste resolver el problema?*
●*¿Cómo llegaste a la solución? ¿Probaste más de una estrategia? ¿Cuáles? ¿Por qué alguna de ellas no te llevó al resultado esperado?*
●*¿Es parecida tu estrategia a las usadas por tus compañeros? ¿Por qué?*
●*¿Habías resuelto problemas semejantes? ¿Cuáles? ¿Usaste la misma estrategia o la mejoraste?*

Camión con bolsas

Un camionero necesitaba cargar varias bolsas en su camión.

Para ahorrar tiempo y hacer más fácil la ubicación en el acoplado, pidió que se las acomodaran de tal manera que en cada columna hubiera la misma cantidad de bolsas.

Los trabajadores no entendieron y las ubicaron de la siguiente manera.

●*¿Cómo lo harías?*

Fracciones

Al descubrir cierta relación entre las **fracciones** y la música, Pitágoras dijo que los números gobiernan la música. Pero, ¿qué relación tiene la música con las fracciones?

La música

Así como cada pueblo creó una forma particular de comunicarse, también inventó una manera de expresarse a través de bellos sonidos.
Toda cultura ha desarrollado su propia música.

La música desempeña un importante papel en las sociedades y existe una gran cantidad de estilos, característicos de diferentes lugares y épocas.

Si bien no todas las canciones tienen palabras, la relación entre música y poesía es tan estrecha que muchos creen que música y lenguaje poseen un origen común en los inicios de la historia de la humanidad.

Además, en una misma cultura, en un mismo tiempo histórico, conviven muchos estilos musicales que dan cuenta de distintos grupos de pertenencia. Nosotros elegimos una canción. ¿Cuál hubieras elegido vos?

Palabras más, palabras más, palabras menos
es lo que menos te puedo dar, es lo de siempre,
palabras nuevas, palabras llenas
de remordimiento,
palabras que se lleva el viento
palabras menos, palabras más.
Palabras más, palabras más, palabras menos
es lo que más te puedo dar, es lo de siempre,
palabras viejas, palabras sólo como pasatiempo,
palabras que soplan en el viento,
palabras fáciles de olvidar.

... Palabras más o menos, las que hoy me duelen,
...palabras más o menos, sentimientos ajenos,
...palabras más o menos,
palabras que pueden... lastimar,
palabras menos, palabras más...

Letra y música: *Andrés Calamaro*

Para conocer un poquito más sobre este tema, entrevistamos a Valeria, profesora de música y musicoterapeuta.

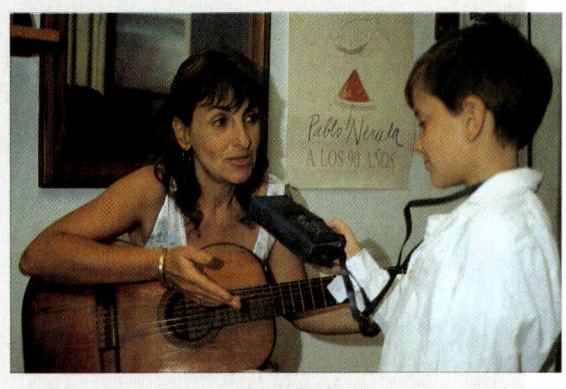

–¿Qué es, para vos, la música?

V: –La música tiene que ver con la emoción y el placer. Es un lenguaje; el compositor y el intérprete, a través de ella, se comunican. Les propongo que piensen en la más bella canción que conozcan; cierren los ojos y escúchenla. Ese sentimiento que les produce es, en gran parte, la música.

–¿Qué es musicoterapia? ¿Por qué elegiste esa profesión?

V: –La musicoterapia es una disciplina que utiliza el sonido, la música y el cuerpo como recursos para trabajar la comunicación, la expresión y la creatividad. Se intenta desarrollar al máximo las potencialidades de las personas a través de actividades que les resulten placenteras.

Elegí musicoterapia porque siento que es una manera de dar utilidad al mágico mundo de los sonidos. Cuando trabajo con chicos que han sufrido algún retraso o disfunción, disfruto al ver cómo encuentran en estas actividades una manera de expresarse.

–Pasando al aspecto más técnico, ¿podés explicarnos que significan ritmo, pulso y compás?

*V: –Debemos relacionar el **ritmo** con el orden, con la sucesión del tiempo. La música necesita una estructura en el tiempo, que es dada por el ritmo. El ritmo musical es, entonces, la distribución de los sonidos de diferentes duraciones, de acuerdo con un pulso. El **pulso** es una unidad de medida, que sirve de soporte al ritmo. En tanto que el **compás** es la división de la duración musical en partes iguales; en el pentagrama, el compás está encerrado entre dos líneas verticales. Además, un **tiempo** es cada una de las partes de igual duración en que se divide un compás.*

–¿Cuáles son las figuras y sus valores?

V: –Para explicarles, voy a dibujar un cuadro.

FIGURA	NOMBRE	VALOR
○	Redonda	4 tiempos
♩ (blanca)	Blanca	2 tiempos
♩	Negra	1 tiempo
♪	Corchea	$\dfrac{1}{2}$ tiempo
♬	Semicorchea	$\dfrac{1}{4}$ tiempo
♬	Fusa	$\dfrac{1}{8}$ tiempo
♬	Semifusa	$\dfrac{1}{16}$ tiempo

Cada una vale la mitad de lo que vale la anterior. Y estos valores se combinan para sumar el tiempo de un compás. Por ejemplo, un posible compás de cuatro tiempos es el siguiente.

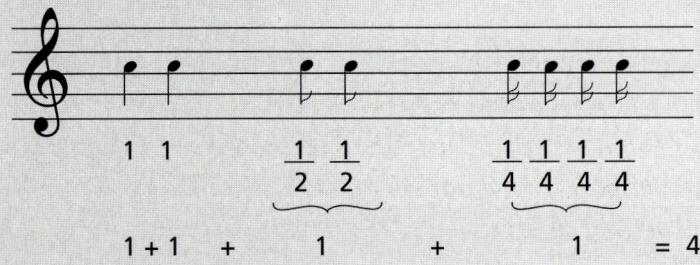

$$1 + 1 \; + \; 1 \; + \; 1 = 4$$

—Muchísimas gracias, Vale, nos interesó lo que nos enseñaste.
Tanto que... ¡nos dieron ganas de escribir música ya mismo!

Para resolver con lo que sabés

● *Marcos quiso escribir un compás de 2 tiempos.*

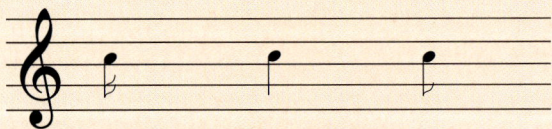

- ¿Cuánto le falta a Marcos para completar el compás?

- ¿Con qué figuras podría completarlo?

● *¿Cuántas veces contiene una corchea a una semifusa? ¿Cómo lo averiguaste?*

¿Tus compañeros pensaron lo mismo?

Las fracciones son útiles para expresar distintas cantidades, ya sea las partes de un todo o la relación entre dos números, también sirven en otras situaciones; algunas las veremos a lo largo de esta unidad.

Fracciones

En su diálogo, Marcos y Nico usaron fracciones para expresar cantidades de tiempo.

Pero, como ya sabés, no sólo al hablar de música usamos estos números.

$$\frac{3}{7} \begin{array}{l} \rightarrow \quad \text{numerador} \\ \rightarrow \quad \text{denominador} \end{array}$$

Para comentar entre todos

- ¿*Cuánto duró el recital de los Rolling Stones?*
- ¿*Cómo escribirías un compás de 3 tiempos utilizando todas las figuras?*

¿*Tenés que repetir alguna?*

- ¿*En qué otras situaciones se usan fracciones?*

En pequeños grupos, registren las situaciones que recuerden. Conserven la hoja.

Resoluciones de algunos amigos

Para resolver el problema de Marcos, tres amigos propusieron algunas soluciones.

Comparálas con las tuyas y con las de tus compañeros.

BETO

Beto decidió graficar, porque le parecía más sencillo.

Para la otra pregunta, también utilizó un gráfico

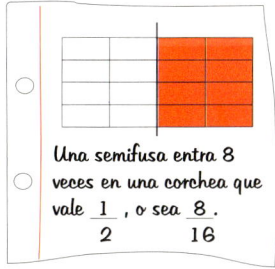

Una semifusa entra 8 veces en una corchea que vale $\frac{1}{2}$, o sea $\frac{8}{16}$.

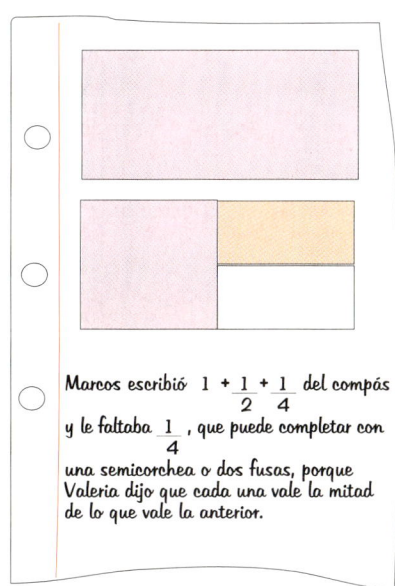

Marcos escribió $1 + \frac{1}{2} + \frac{1}{4}$ del compás y le faltaba $\frac{1}{4}$, que puede completar con una semicorchea o dos fusas, porque Valeria dijo que cada una vale la mitad de lo que vale la anterior.

PACO

Paco fue el más protestón de todos. "¡Al final, para ser músico tenés que saber matemática! ¡Y bueno...!"

Él recordaba las fracciones equivalentes que había aprendido en cuarto grado para hacer sumas.

$$\frac{1}{4} \quad + \quad 1 \quad + \quad \frac{1}{2}$$

Como: $1 = \dfrac{4}{4}$ y $\dfrac{1}{2} = \dfrac{2}{4}$, entonces $\dfrac{1}{4} + \dfrac{4}{4} + \dfrac{2}{4} = \dfrac{7}{4}$

$$\frac{1}{4} \quad \frac{2}{4} \quad \frac{3}{4} \quad \frac{4}{4} \quad \frac{5}{4} \quad \frac{6}{4} \quad \frac{7}{4}$$

¡Para llegar a 2 le falta $\dfrac{1}{4}$! ¡Otra semicorchea!

Para la otra pregunta, Paco pensó: "si me preguntan cuántas veces el 20 contiene al 5, hago la división 20: 5 = 4 veces. Si me preguntan cuántas veces contiene la corchea a la semifusa debo hacer una división".

$$\frac{1}{2} : \frac{1}{16} = ?$$

Así planteado, le parecía muy difícil. No se le ocurría cómo dividir fracciones...

LALI

Lali decidió facilitar las cosas; se imaginó que estaba en el almacén de su papá.

Beto había escrito: $1 + \dfrac{1}{2} + \dfrac{1}{4} =$

Medio kilo de pan más cuarto kilo de pan son $\dfrac{3}{4}$ kilos.

$\dfrac{3}{4}$ más un kilo (la negra) es 1 y $\dfrac{3}{4}$. Para llegar a 2 kilos falta $\dfrac{1}{4}$.

¡Listo! ¡Soy una genia!

A Lali la matemática le trae dolores de cabeza, pero la música le encanta.

Entonces, completó el compás con una semicorchea, que vale $\dfrac{1}{4}$.

Para el otro problema, separó 16 pancitos, y tomó en cuenta los valores de las figuras.

Corchea = $\dfrac{1}{2}$ \qquad\qquad Semifusa = $\dfrac{1}{16}$

Entonces, si tengo que considerar la mitad de mis 16 pancitos me quedan 8, la mitad es $\dfrac{8}{16}$. Por lo tanto, una corchea contiene 8 veces a una semifusa.

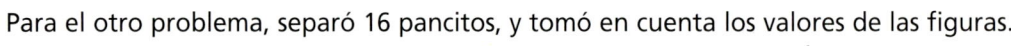

Usar fracciones

Seguramente ya te diste cuenta de que las personas usamos las fracciones en muchas situaciones. Y no siempre expresan o representan lo mismo. Prestá atención a estos ejemplos.

- En este caso $\dfrac{1}{3}$ expresa la **parte de un entero**, el alfajor.

- Aquí, $\dfrac{2}{5}$ indica una **parte de una colección de elementos,** el total de caramelos.

- 3 para 4: $\dfrac{3}{4}$ expresa **el resultado de un reparto**.

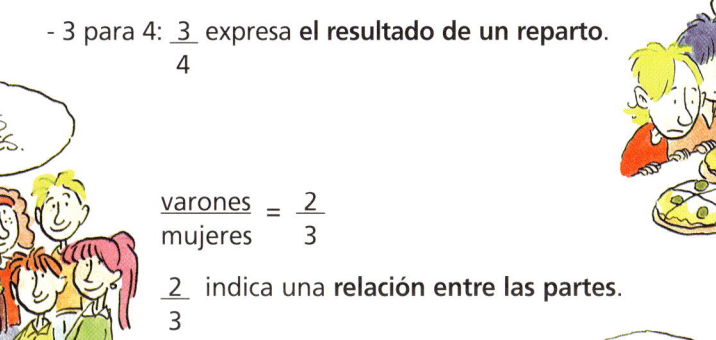

$$\dfrac{\text{varones}}{\text{mujeres}} = \dfrac{2}{3}$$

$\dfrac{2}{3}$ indica una **relación entre las partes**.

- Las fracciones también sirven para expresar una **medida**.

- Aquí $\dfrac{1}{2}$ expresa **la probabilidad de que ocurra un suceso,** en nuestro caso obtener *cara* al arrojar una moneda.

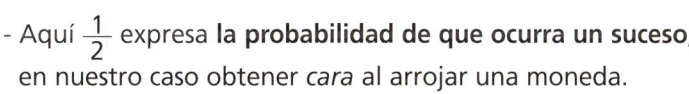

Para hacer en grupos

- *Busquen la hoja donde habían registrado situaciones en las que usan fracciones.*
- *Indiquen qué expresa la fracción en cada caso.*
- *Armen un afiche para el aula, y anoten allí los ejemplos que encontraron de cada caso.*

La recta numérica

Al igual que los números naturales, las fracciones también pueden representarse en la recta numérica.

En la siguiente recta numérica están representadas las fracciones hasta la unidad, de denominador 2, 3, 4 y 6.

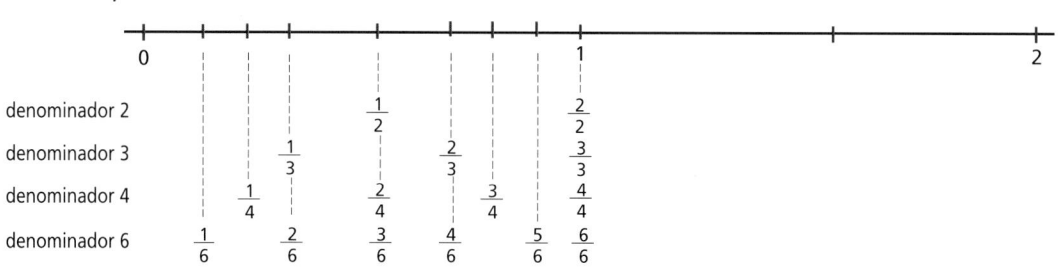

denominador 2

denominador 3

denominador 4

denominador 6

Para pensar entre todos

● *Varias fracciones ocupan el mismo punto en la recta. ¿Por qué?*

● *¿Qué fracciones menores que la unidad y de denominador 8 ya están representadas? ¿Por qué? ¿Cuáles faltan?*

● *Si sólo tomamos en cuenta el intervalo entre 0 y 1, ¿con qué fracciones podemos representar cada milímetro en la regla? ¿Por qué?*

> **Las fracciones equivalentes representan el mismo número,**
> **por eso ocupan el mismo lugar en la recta numérica.**

Actividad

● *Respondé.*

- En la resolución del problema, Beto, Paco y Lali, ¿usaron fracciones equivalentes? ¿Cuáles?

- En sus trabajos, ¿encontrás fracciones equivalentes a $\frac{5}{20}$? ¿Y a $\frac{16}{22}$? ¿Por qué?

● *Fracciones equivalentes.*

- Reuní las fracciones equivalentes.

- Agregá una fracción más a cada grupo.

- Ordená los grupos de menor a mayor.

$\frac{3}{9}$	$\frac{24}{8}$	$\frac{5}{8}$	$\frac{5}{6}$	3
$\frac{10}{15}$	$\frac{15}{24}$	$\frac{12}{4}$	$\frac{1}{3}$	$\frac{6}{18}$

Representación en la recta

Para representar una fracción en la recta, es importante saber de antemano entre qué números enteros se encuentra. Por ejemplo,

$$1 = \frac{4}{4} < \frac{7}{4} < \frac{8}{4} = 2$$

En la recta, indicamos los números naturales.

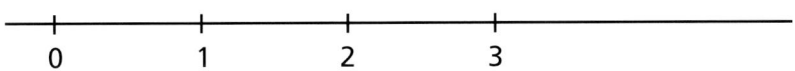

Como vamos a representar un número con denominador 4, dividimos cada unidad en 4 partes iguales.

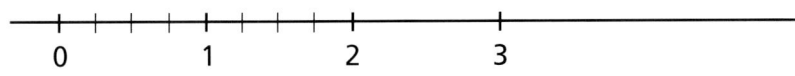

Alcanza con indicar hasta el 2, ya que $\frac{7}{4}$ *es menor que 2 enteros.*

Finalmente, a partir de 0 contamos 7 partes.

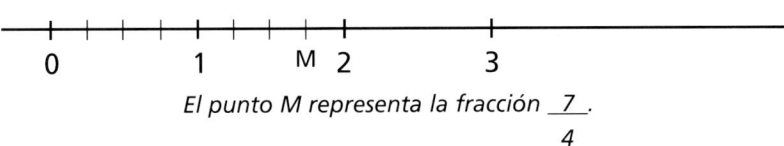

El punto M representa la fracción $\frac{7}{4}$.

✏️ Actividad

● *Representá en una misma recta numérica los siguientes números.*

$$\frac{3}{8} \qquad \frac{3}{4} \qquad \frac{3}{2} \qquad \frac{5}{8} \qquad \frac{5}{4} \qquad \frac{5}{2}$$

Clasificamos y comparamos fracciones

Existen fracciones menores, mayores o iguales a la unidad. Estas relaciones son las que se toman en cuenta para clasificarlas. De alguna manera, al agruparlas, las estás comparando.

✏️ Actividad

● *Señalá las fracciones de cada tipo con tres colores diferentes.*

$$\frac{4}{11} , \quad \frac{15}{32} , \quad \frac{2}{5} , \quad \frac{7}{4} , \quad \frac{11}{25} , \quad \frac{3}{3} , \quad \frac{9}{9}$$

> En algunos textos dan nombres especiales a las fracciones, según sean menores
> o mayores que 1. Fracciones menores que la unidad, **fracciones propias.**
> Fracciones mayores que la unidad, **fracciones impropias.**

Operaciones con fracciones

Suma y resta de fracciones

Al igual que cuando comparamos fracciones, es sencillo sumar o restar fracciones de igual denominador. Por ejemplo:

$$\frac{1}{5} + \frac{3}{5} = \frac{(1 + 3)}{5} = \frac{4}{5}$$

$$\frac{4}{7} - \frac{1}{7} = \frac{(4 - 1)}{7} = \frac{3}{7}$$

> **Para sumar o restar fracciones de igual denominador, alcanza con sumar o restar los numeradores y dejar el denominador común.**

Pero... ¿cómo se hace el cálculo si tienen diferente denominador?

Volvamos al problema inicial

- *¿Como resolvieron el segundo problema Paco y Lali?*
- *¿Llegaron al mismo resultado? ¿Por qué?*
- *¿Qué tienen en común sus procedimientos?*

Veamos otra situación en la que debemos operar con fracciones de distinto denominador.

Problema

Dos vecinos, Norbi y Beto, deciden hacer un trabajo juntos: pintar una cerca. Durante el fin de semana, uno de ellos pintó $\frac{2}{5}$ del total, y el otro, $\frac{1}{4}$.

- *En ese fin de semana, ¿cuánto pintaron entre los dos?*
- *Si cada uno debía pintar la misma cantidad, ¿cuánto le falta a cada uno?*

Para responder la primera pregunta, vamos a averiguar cuáles son las fracciones equivalentes

$$\frac{2}{5} = \frac{4}{10} = \frac{6}{15}, \frac{\mathbf{8}}{\mathbf{20}}, \frac{10}{25}, ...$$

$$\frac{1}{4} = \frac{2}{8} = \frac{3}{12}, \frac{4}{16}, \frac{\mathbf{5}}{\mathbf{20}}, \frac{6}{24}, ...$$

Entonces $\frac{1}{5} + \frac{1}{4} = \frac{8}{20} + \frac{5}{20} = \frac{\mathbf{13}}{\mathbf{20}}$

$\frac{13}{20}$ representa la parte de la cerca que pintaron durante ese fin de semana.

Para responder la segunda pregunta, debemos tener en cuenta que cada vecino pintará $\frac{1}{2}$ de la cerca. Entonces,

$$\text{Norbi: } \frac{1}{2} - \frac{2}{5} = \frac{5}{10} - \frac{4}{10} = \frac{1}{10}$$

$$\text{Beto: } \frac{1}{2} - \frac{1}{4} = \frac{2}{4} - \frac{1}{4} = \frac{1}{4}$$

Para contestar entre todos

- *¿Encontraron otros procedimientos para resolver el problema? ¿Cuáles?*
- *Entre los dos, ¿pintaron más o menos que la mitad? ¿Cómo lo averiguaron?*
- *¿Quién está más cerca de concluir su trabajo? ¿Por qué?*

Para sumar o restar fracciones de distinto denominador, un procedimiento posible consiste en buscar fracciones equivalentes a las fracciones dadas de igual denominador. Después se efectúa la operación que corresponda.

Multiplicación de fracciones

Prestá atención y seguí paso a paso respondiendo las preguntas.

1. Plegá un papel, en forma vertical, en cuatro partes iguales.

2. Ahora, en forma horizontal, plegálo en tres partes.
¿En cuántas partes quedó dividido?

3. Pintá $\frac{1}{3}$ del papel. ¿Qué fracción del papel quedó sin pintar?

4. Dibujá cruces en $\frac{1}{4}$ de la parte pintada. ¿Qué fracción del papel corresponde a la parte que tiene cruces?

$$\frac{1}{4} \text{ de } \frac{1}{3} = \frac{1}{12}$$

Escribimos $\frac{1}{4} \times \frac{1}{3} = \frac{1}{12}$

Para contestar entre todos

- *Unos amigos dicen que:*

$$\frac{3}{4} \times \frac{1}{5} = \frac{3 \times 1}{4 \times 5} = \frac{3}{20}$$

- ¿Es correcto este procedimiento? ¿Por qué?

Verifiquen sus respuestas con otros ejemplos de fracciones.

¿Y este otro procedimiento?

$$\frac{1}{5} \times \frac{3}{4} = \left(\frac{1}{5} : 4\right) \times 3$$

Si cada $\frac{1}{5}$ lo divido en 4 partes, como en el entero tengo 5 quintos, entonces obtengo

5 x 4 = 20 partes.

$$\left(\frac{1}{5} : 4\right) = \frac{1}{20}$$ Entonces $\frac{1}{5} \times \frac{3}{4} = \frac{1}{20} \times 3 = \frac{3}{20}$

Para pensar

● Al multiplicar números enteros, el resultado siempre es mayor o igual a los factores que intervienen. Por ejemplo,

$$12 \times 3 = 36 \qquad 12 < 36 \text{ y } 3 < 36$$
$$12 \times 1 = 12 \qquad 12 \leq 12 \text{ y } 1 < 12$$

Pero en las multiplicaciones entre fracciones no siempre ocurre esto. Por ejemplo;

$$\frac{1}{4} \times \frac{1}{3} = \frac{1}{12} \qquad\qquad \frac{1}{4} > \frac{1}{12} \text{ y } \frac{1}{3} > \frac{1}{12}$$

● Busquen otros ejemplos en los que se cumpla esto. Intenten explicar el motivo.

Un producto especial

Al jugar con las fracciones, un amigo descubrió la siguiente relación.

$$\frac{2}{3} \times \frac{3}{2} = \frac{6}{6} = 1$$

$$\frac{4}{5} \times \frac{5}{4} = \frac{20}{20} = 1$$

Dos fracciones son inversas si su producto es igual a 1.

AHORA, ¿TE ANIMÁS A AYUDAR A PACO A CONTESTAR LA ÚLTIMA PREGUNTA?

Para resolver con lo que aprendiste

Frases con fracciones

● *Expresá las siguientes frases usando fracciones.*

- Los días sin clases (sábado y domingo) son ...... de la semana.

- La probabilidad de sacar un 3 al tirar un dado es de ......

- Un mes, es la .... parte de un año.

- En general, la pizza viene cortada en 8 porciones.

Cada una representa la .... parte del entero.

- El centímetro es la .... parte de un metro.

Casetes

Un grupo de amigos armó una colección de casetes.

Al ordenarlos, registraron lo siguiente:

- música melódica $\dfrac{1}{3}$ - rock $\dfrac{2}{8}$

- bailanta $\dfrac{3}{12}$ - jazz-blues $\dfrac{3}{18}$

- ¿De qué tipo de música hay mayor cantidad de casetes?
¿De cuál hay menos?

- ¿Hay algún género musical en igual proporción
que otro?

- ¿De qué tipo son las fracciones mencionadas?

- ¿Qué fracción de la colección representan los casetes
de rock y música melódica?

Segmentos

Teniendo en cuenta el segmento **ab**, respondé:

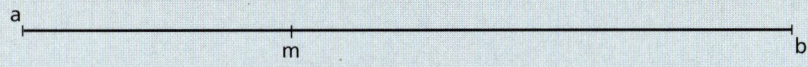

- ¿Qué número representa la distancia **am**, si **ab** equivale al entero?

- ¿Dónde ubicarías la fracción $\dfrac{4}{6}$?

● *Ubicá el 1 en la siguiente recta.*

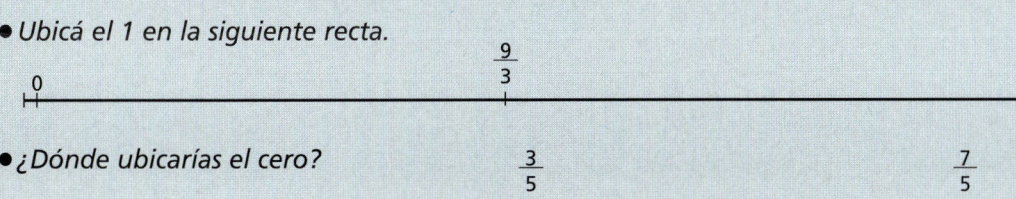

● *¿Dónde ubicarías el cero?*

Un cuadro fraccionado

a	b	a + b	a - b	a x b
$\dfrac{1}{2}$	$\dfrac{2}{9}$			
$\dfrac{1}{4}$	$\dfrac{1}{8}$			
$\dfrac{3}{5}$	$1 + \dfrac{2}{3}$			

● *Representá en la recta numérica las fracciones de la columna **a**.*

- ¿Cuál es la mayor? ¿Y la menor?

● *Graficá las fracciones de la 3ª columna mayores que la unidad y expresálas como núme-ro mixto (parte entera y parte fraccionaria).*

● *Para cada par de fracciones a y b (por ejemplo, $\dfrac{2}{5}$ y $\dfrac{1}{3}$), encontrá una fracción que se halle entre ambas.*

Todo combinado

$$\left(\frac{1}{5} + \frac{1}{6}\right) \times \left(1 - \frac{6}{7}\right) = \qquad \frac{1}{4} + \left(\frac{8}{9} - \frac{2}{3}\right) = \qquad \left(\frac{5}{8} - \frac{3}{8}\right) + \left(\frac{2}{7} \times \frac{5}{6}\right) =$$

¡No te olvides de simplificar siempre que puedas!

Comienza el festejo

La ópera *Sansón y Dalila* se presentará a pártir de hoy en el Teatro Colón. Con la presentación, el tenor español Plácido Domingo festejará los 25 años de su debut en este teatro argentino.

Todos los compañeros afirman que el tenor tiene una magia incomparable. Según cuenta la cantante que representará el papel de Dalila, muchas veces el público no lo deja irse, como pasó en Viena, donde estuvo 45 minutos saludando al finalizar la función.

La obra podrá verse en función vespertina el lunes, en tres horarios el miércoles, y el sábado, en la función nocturna.

Fuente: *Clarín*, 27 de julio de 1997.

● *¿Conocés la historia de Sansón y Dalila?*

● *¿Qué es un tenor? ¿Y una ópera?*

● *¿Qué fracción de un siglo corresponde al aniversario que festeja el tenor en el Colón?*

● *¿Qué fracción de hora duró su saludo final en Viena?*

● *De las entradas vendidas* $\frac{1}{4}$ *corresponden a la función vespertina,* $\frac{2}{5}$ *a la nocturna, y*

el resto se reparte en igual medida entre las funciones del miércoles.

● *¿Qué fracción de público concurrirá a cada una de las presentaciones del miércoles?*

● *Si se vendieron en total 400 localidades, ¿qué cantidad de personas concurrió al teatro cada día?*

Lunes:

Miércoles:

Sábado:

Para pensar y resolver despacito

Un grupo de alumnos de quinto grado decide viajar a Córdoba. Para reunir fondos organiza un festival de música.

Imprimen varios talonarios para las entradas, que venden de la siguiente manera:

$\frac{3}{4}$ a familiares;

$\frac{3}{5}$ a vecinos;

$\frac{3}{10}$ a maestros y profesores.

● *¿A quiénes les vendieron más entradas? Podés usar una recta numérica para ayudarte.*

● *Expresado en fracciones, ¿cuántas entradas vendieron?*

● *Si les entregaron un número entero de talonarios, ¿cuál es el mínimo número que recibieron?*

● *Dado ese número de talonarios, ¿qué fracción les quedó sin vender?*

● *Sabiendo que cada talonario tenía 40 entradas, respondé.*

- ¿Cuántas entradas vendieron a familiares?

- ¿Y a vecinos?

- ¿Cuántas entradas quedaron sin vender?

Para comprobar lo que aprendiste

La orquesta

Suele decirse que el canto de las aves motivó al hombre para tratar de imitarlas. Fue así como inventó los instrumentos musicales, para producir los sonidos que deseaba escuchar. Descubrió que los sonidos se consiguen soplando, frotando, estirando cuerdas, golpeando... nacieron así las diferentes familias de instrumentos.

Una orquesta es el conjunto de instrumentos musicales y de músicos que los tocan, incluido el director. Sus secciones características son: instrumentos de cuerdas, instrumentos de viento e instrumentos de percusión.

El director de la orquesta es el que determina la disposición de los músicos en el escenario. Nuestros amigos fueron a ver con Valeria una función de la siguiente orquesta.

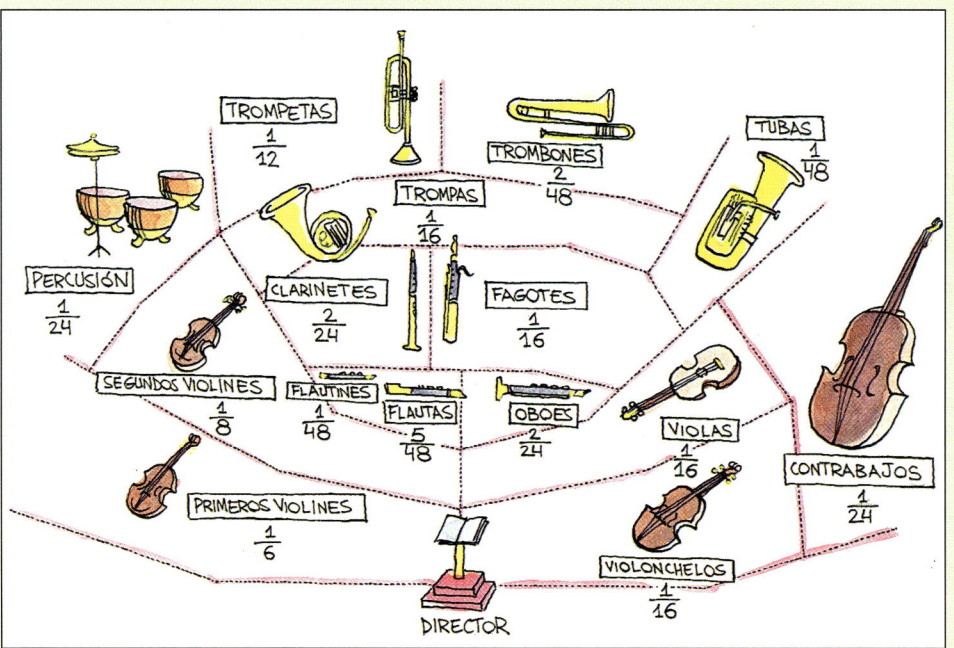

● ¿Qué fracción totalizan los instrumentos de cuerdas? ¿Y los de viento?

● ¿Qué fracción de la orquesta no está compuesta por instrumentos de cuerdas ni de viento?

● Si la orquesta está formada por 48 intérpretes, ¿qué cantidad de instrumentos hay de cada tipo?

● Valeria debía pagar por las entradas del grupo $120, pero en la boletería le realizaron un descuento que representó $\frac{3}{8}$ del total. ¿Cuánto pagó?

● *En uno de los intervalos, los chicos conversaron con el acomodador, quien les contó que* $\frac{1}{3}$

de la mitad de la orquesta está compuesto por músicos principiantes. ¿Cuál es la fracción de novatos que debutan en esta función? ¿Qué cantidad de músicos principiantes hay y qué cantidad, de los que tienen experiencia?

● *Al mirar el programa, Marcos comenta.*

- ¿Qué cuenta harías para averiguar la parte ocupada por los anuncios publicitarios?
- Realizá un esquema del programa.

● *Los integrantes de la orquesta interpretan un tema musical.*
Cada uno de estos instrumentos toca las siguientes fracciones de tiempo.

Violín: $\frac{14}{7}$ minutos

Flautas: $\frac{7}{4}$ minutos

Clarinetes: $\frac{2}{3}$ minutos

Trompetas: $\frac{13}{6}$ minutos

- ¿Qué instrumento sonó durante dos minutos?

- ¿Alguno lo superó? ¿Por qué?

- ¿Cuál sonó durante más tiempo?

- Representá los tiempos de interpretación en una recta numérica.

- ¿Con qué fracciones podés representar 2 minutos? Da por lo menos tres ejemplos.

Decimales

El ganador, con un tiempo de 15,9 segundos, superó a quien lo seguía por 8 décimas de segundo. ¿Cuál fue el tiempo del que perdió?

Las pruebas de atletismo

Se conoce con el nombre de atletismo a un grupo de pruebas que se realizan en competencias entre individuos o equipos. Estas pruebas consisten en carreras, marchas, lanzamientos y saltos.

El atletismo es uno de los deportes organizados, es decir con reglas propias, más antiguo. Hace miles de años, en los Juegos Olímpicos que iniciaron los griegos en el 776 a.C., ya existía.

Entre las pruebas de salto se encuentra el salto de altura o salto en alto, cuyo objetivo es pasar sobre una barra horizontal sostenida por dos soportes verticales, sin que la barra se caiga.
Cada participante puede hacer tres intentos.
Para cumplir con esta prueba, los atletas inventaron distintas técnicas. En la actualidad, se aproximan a la barra casi de frente, giran en el despegue, alcanzan la barra con la cabeza adelantada, la cruzan de espaldas, y caen sobre colchonetas con sus hombros.

El cubano Javier Sotomayor es una de las grandes estrellas de este deporte. Ha batido varias veces el récord mundial de salto en alto, llegando a los 2,45 metros.

Para resolver con lo que sabés

A fin de año se realizó un torneo intercolegial de atletismo.

Éstas son las marcas logradas por cinco participantes en las pruebas de salto en alto.

ATLETA	ALTURA SALTADA
MARTÍN G.	1,50 m
DARIO M.	0,99 m
JOSÉ B.	1,78 m
LUIS S.	1,8 m
PABLO G.	1,59 m

- *¿Quién realizó el mayor salto?*
- *¿Y el menor?*

Tres de estos participantes se ubicarán en el podio para ocupar los tres primeros puestos. Se les entregarán, respectivamente, las medallas de oro, plata y bronce.
- *¿A cuál de ellos corresponde cada medalla?*

Otras preguntas

- *¿Cómo se leen los números con coma?*

Practicá con los usados para representar las marcas de los atletas.

- *Un chico dice que Martín G. saltó 1 metro y medio, ¿es cierto?, ¿por qué?*

Para responder entre todos

- *¿En qué situaciones se usan los números con coma?*
- *En las situaciones señaladas, ¿se pueden usar otros números (por ejemplo: fracciones o números naturales)? ¿Por qué?*
- *¿Qué relación encuentran entre las fracciones y los números con coma?*

Al igual que el resto de los números que estudiamos (los números fraccionarios y los naturales), los decimales sirven para solucionar distintas situaciones. Sobre ellas avanzaremos en esta unidad.

Los números decimales

Sin duda, estamos muy acostumbrados a ver y usar los números con coma. Sin embargo, esta particular manera de escribir los números decimales -separando la parte entera de la decimal con una coma- tardó mucho en imponerse.

Su uso recién se generalizó en el siglo XVII.

Resoluciones de algunos amigos

Te mostramos ahora cómo dos integrantes del jurado del Torneo Intercolegial, respondieron a las preguntas.

● *Compará sus resoluciones con la tuya y las de tus compañeros.*

Intenten encontrar semejanzas y diferencias.

● *¿Con cuál de las resoluciones de estos amigos estás de acuerdo? ¿Por qué?*

BRUNO

Bruno, en primer lugar, acomodó los números según la coma.

Martín G.	1	50
Darío M.	0	99
José B.	1	78
Luis S.	1	8
Pablo G.	1	59

De esta manera, quedaba claro que la menor marca había sido la de Darío M. Pero, para determinar quién era el ganador, se le presentó un problema. En la marca de Luis S., ¿el 8, qué valor tenía?

Como no podía responderlo, decidió considerar al resto de los atletas y ordenarlos.

BETINA

Betina pensó cuál sería el más barato y cuál el más caro si éstos fueran precios. Entonces comparó cifra por cifra.

Al igual que Bruno, dudaba sobre el lugar en el que debía ubicar el número con una sola cifra decimal, pero usó el recurso de los precios:

¡Ya está! ¡A entregar los premios!

 *Actividad grupal*

Para contestar entre todos

● *¿Qué número es mayor: 1,08; 1,8 ó 1,80? ¿Por qué?*

● *¿Pueden encontrar un número entre 1,8 y 1,9? ¿Por qué?*

● *¿Cómo se escriben, con números decimales, las fracciones que corresponden a 1 décimo y a 1 centésimo? ¿Por qué?*

Para cada pregunta, busquen argumentos y ejemplos que permitan explicar lo mejor posible sus respuestas.

Las fracciones decimales
y los números decimales

Se llaman **fracciones decimales** a las que tienen como denominador la unidad seguida de ceros; por ejemplo, $\frac{4}{10}$, $\frac{63}{100}$, $\frac{117}{1.000}$.

Al igual que el resto de las fracciones, también podemos clasificar las fracciones decimales según sean menores o mayores que la unidad.

- Menores que la unidad (propias).

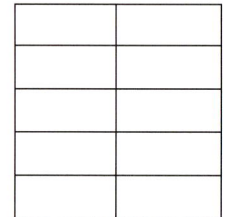  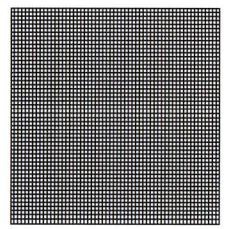

$\frac{1}{10}$ = un décimo = 0,1 $\frac{1}{100}$ = un centésimo = 0,01 $\frac{1}{1.000}$ = un milésimo = 0,001

- Mayores que la unidad (impropias).

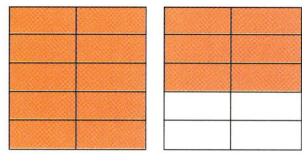

$\frac{16}{10}$ = 1 y $\frac{6}{10}$ =   1   + $\frac{6}{10}$ = 1,6

Se lee: un entero, 6 décimos.

Otros ejemplos

$\frac{527}{1.000}$ = 0,527   se lee: 0 entero, 527 milésimos; o 527 milésimos.

$\frac{231}{100}$ = 2   y $\frac{31}{100}$ = 2,31   se lee: 2 enteros, 31 centésimos

✎ *Actividad*

- *De acuerdo con las reglas del Sistema de Numeración Decimal, ¿es cierto que 1 unidad = 10 décimos = 100 centésimos = 1.000 milésimos? ¿Por qué?*
- *¿Cuántos centésimos tienen 3 unidades?*

¿Cómo está formado un número decimal?

Toda fracción se puede expresar como número decimal, y es fácil darse cuenta cuándo las fracciones son decimales.

Un número decimal está formado por una parte entera y una parte decimal.

La coma decimal separa ambas partes.

NÚMERO	PARTE ENTERA	COMA DECIMAL	PARTE DECIMAL		
	C D U	,	décimos	centésimos	milésimos
25,061	2 5	,	0	6	1
0,74	0	,	7	4	

Para leer un número decimal se nombra primero la parte entera, agregando la palabra *enteros*, y luego la parte decimal, nombrando el orden que corresponde a la última cifra escrita. Si el número es menor que la unidad, puede leerse sólo la parte decimal.

Nuestros ejemplos se leen:

- veinticinco enteros, sesenta y un milésimos;
- setenta y cuatro centésimos.

✎ Actividad

● *Leé cada una de las marcas de los atletas de salto en alto.*
Si es necesario, ubicálas en un cuadro como el anterior.

De fracción decimal a número decimal y viceversa

Observá los siguientes ejemplos.

$\frac{4128}{100} = 41,28$ $0,019 = \frac{19}{1.000}$ $\frac{27}{100} = 0,27$ $1,8 = \frac{18}{10}$

✎ Actividad

● *Explicá la regla.*
● *Escribí otros ejemplos, para poner a prueba tu explicación.*
● *Si se divide el entero en 100 partes iguales y se colorean 9, ¿con qué número decimal lo expresarías?*

Decimales en la recta

En otras oportunidades, seguramente tuviste que representar números naturales y fracciones en la recta. Ahora es el turno de los números con coma.

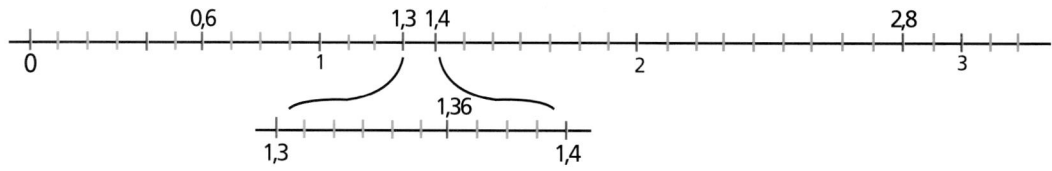

✏ *Actividad*

● *Ubicá en una recta los siguientes números:*
1,3 - 2,4 - 3,12 - 1,68 - 4,1

● *¿Cuántos números decimales te imaginás que hay entre 2 y 3?*

● *Construí una recta numérica que te permita ubicar las marcas de los atletas de salto en alto que vimos al comienzo.*

Comparamos números decimales

Una vez más, la recta numérica nos permite comparar números decimales.

● *Ubicá en una recta los números: 3,1 - 3,5 - 2,6 - 2,8 - 1,4 y 2,0.*

- ¿Cuál es el mayor? ¿Y el menor?
- ¿Cuál es mayor que 1,4 pero menor que 2,8?
- ¿Dónde ubicarías $1\frac{3}{4}$? ¿Por qué?

● Explicá con tus palabras cómo te das cuenta qué número decimal es mayor, al observar su posición en la recta.

Volvamos al problema inicial

Bruno puede sacar ahora la siguiente conclusión.

PARA COMPARAR DOS NÚMEROS DECIMALES,

MIRAMOS LA PARTE ENTERA; SI SON DIFERENTES, ES MAYOR EL NÚMERO CUYA PARTE ENTERA ES MÁS GRANDE.

SI LAS PARTES ENTERAS SON IGUALES, COMPARAMOS LOS DÉCIMOS.

SI SON IGUALES, COMPARAMOS LOS CENTÉSIMOS, Y SI ÉSTOS SON IGUALES, COMPARAMOS LOS MILÉSIMOS.

✐ Actividad

- *¿Estás de acuerdo con Bruno? ¿Por qué?*

Comprobálo con los números que ordenaste en la recta numérica.

- *¿Dirías la regla de otra manera?*

Para pensar

- *Escribí otras fracciones decimales equivalentes a la dada.*

Después, convertílas en números decimales. Por ejemplo.

$$\frac{8}{10} = \frac{80}{100} = \frac{800}{1.000} \qquad 0,8 = 0,80 = 0,800$$

- *¿Qué sucede con los ceros que se agregan a la derecha de la última cifra decimal?*
- *Para resolver el problema de las marcas de salto, Betina dijo que 1,8 = 1,80 y que 1,8 > 1,78 ¿Es cierto? ¿Por qué?*

CUANDO QUIERAS COMPARAR NÚMEROS CON DISTINTA CANTIDAD DE CIFRAS DECIMALES, AGREGÁ CEROS HASTA IGUALARLAS... Y TODO SERÁ MÁS FÁCIL.

- *Colocá los signos >, < o = según corresponda.*

0,2 ... 0,25   0,29 ... 0,3

$\frac{3}{10}$ ... 0,30 $\frac{4.010}{1.000}$ ... 4,01

1,27 ... 12,7   1 ... 0,999

11,30 ... $\frac{113}{1.000}$ 3 ... 003,00

Para resolver con lo que aprendiste

● *Completá el siguiente cuadro.*

FRACCIÓN DECIMAL	NÚMERO DECIMAL	SE LEE
$\dfrac{15}{1.000}$		
	123,90	
		dos enteros, dos centésimos
$\dfrac{678}{10}$		
	0,015	
		ciento dos milésimos
	60,07	

● *¿Podés escribir más de 5 números que estén entre 1 y 1,5 (sin incluir éstos)? ¿Por qué?*

● *Teniendo en cuenta la siguiente lista de números, respondé.*

3,9 - 4,8 - 5 - 6,7 - 4,1 - 6,2 - 4,4 - 4 - 5,9 - 3,5

- ¿Cuáles están entre 3 y 4? De éstos, ¿cuál está más cerca de 3?
- ¿Y entre 6 y 7? ¿Qué número está más cerca de 7?

● *Averiguá cuál es la regla, completá la sucesión y representála en una recta numérica.*

- 0,1 - ... - $\dfrac{2}{10}$ - ... - 0,3 - 0,35 - ...

- 8,8 - 4,4 - ... - 1,1 - ...

● *Adivinanzas matemáticas*

¿Qué número decimal corresponde a cada letra?

a. Es menor que 8,4; mayor que 8,02 y sus décimos son un número par.

b. Se encuentra entre $\dfrac{13}{100}$ y 0,14 y la cifra de sus milésimos es un número natural comprendido entre 3 y 5.

c. Es mayor que 8 y le faltan 5 décimos para llegar a 9.

d. Inventá una adivinanza para que resuelva un compañero. ¿Cómo le fue?

- *Se estima que son necesarios aproximada-mente 200 cabellos humanos, uno junto a otro, para cubrir 1 cm.*
Si este dato es verdadero, ¿qué fracción de cm equivale al grosor de un cabello? Expresálo en forma decimal.

- *Te proponemos un juego. Llevá al corredor hasta la meta pasando de un número a otro mayor, siempre por las líneas. ¿Hay más de un camino posible? ¿Por qué?*

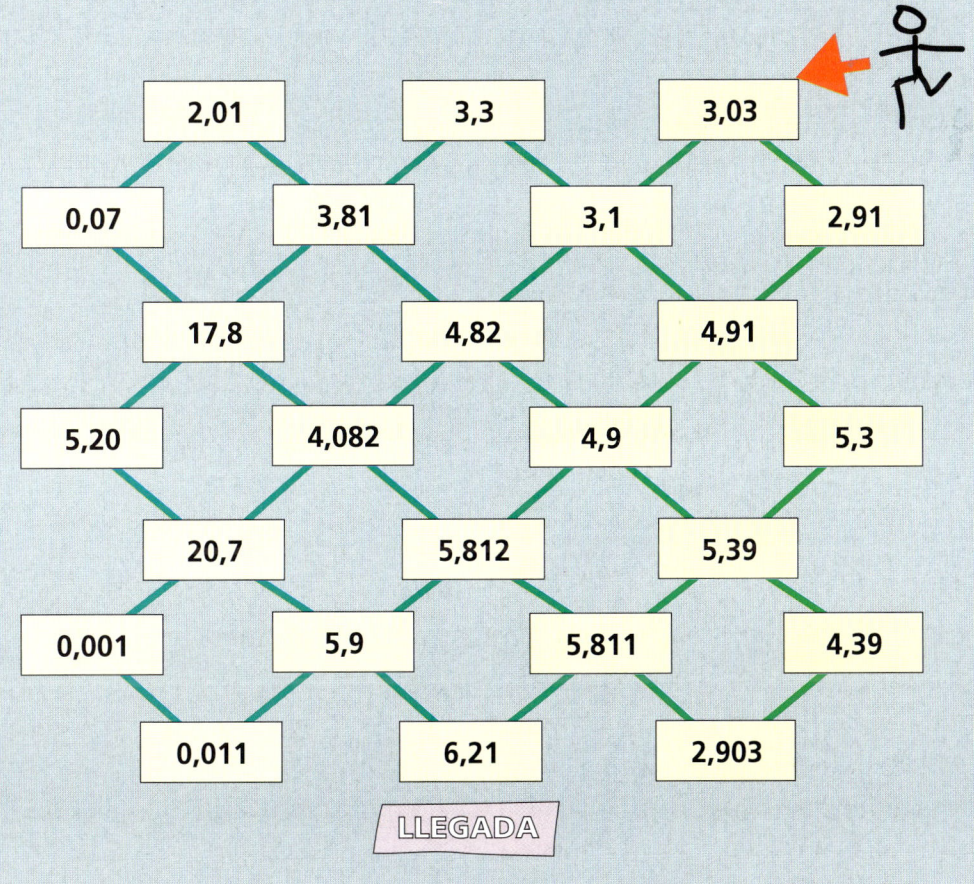

Para comprobar lo que aprendiste

Atenas abre sus brazos a los atletas

Cada cuatro años se juega el Campeonato Mundial de Fútbol, pero... ¿sabías que también hay Mundiales de Atletismo? ¿Y que se realizan cada dos años?

Sí, y en 1998 la ciudad de Atenas es el lugar donde se llevará a cabo la sexta edición de este campeonato, en el mismo estadio donde se realizaron los primeros Juegos Olímpicos de la Edad Moderna.

Muchos son los países que participan (más de 200) y muchos más los atletas que los representan (¡más de 2.000!).

¡Por supuesto que nuestro país estará presente!

Son siete los deportistas que estarán en este mundial. Te los presentamos:

Andrea Ávila: en 1997 obtuvo el título sudamericano de triple salto con 13,76 metros y el subcampeonato de salto en largo con 6,34 metros.

Verónica Depaoli: igualó el récord argentino de los 100 metros con vallas, con 13,45 segundos.

Olga Conte: en 1997 logró el título sudamericano de carrera de 400 metros y, como si ésto fuera poco, el récord nacional de 52,5 segundos.

Carlos Gats: este carrerista logró, con viento a favor, 10,26 segundos en los 100 metros y 20,41 segundos en la carrera de 200 metros.

Marcelo Pugliese: lanzador de disco, batió el récord nacional con 63,44 metros.

Gabriel Simón: este joven velocista se clasificó para los 100 metros por sus 10,34 segundos de la temporada pasada. Este año su mejor marca fue 10,61 segundos.

Fuente: *Clarín,* 31 de julio de 1997.

• *El récord mundial en carreras de 100 m corresponde a Donovan Bailey (Canadá), quien el 27 de julio de 1986 logró un tiempo de 9,84 segundos.*
De acuerdo con estos datos, ¿cuál de los dos atletas argentinos se encuentra más cerca del récord, Carlos Gats o Gabriel Simón?

• *Ordená de mayor a menor los tiempos obtenidos por los atletas argentinos en las carreras de 100, 200 y 400 metros.*

• *Representá en la recta numérica los tres números decimales menores que aparecen en el texto anterior.*

• *Escribí en letras y como fracción decimal los tres números mayores.*
• *Cuáles de los números decimales del texto se encuentran entre:*

1 y 10;
10 y 20;
20 y 30.

• *¿A cuáles de los números mencionados en el texto corresponden las siguientes referencias?*
a) Su parte entera es igual a 10 unidades y a su parte decimal le faltan 6 centésimos para completar 4 décimos.
b) Se puede descomponer como 1 decena, 37 décimos, 6 centésimos.

• *¿Qué cantidad de décimos tiene en total la marca del triple salto de Andrea Ávila?*
¿Y de centésimos?

• *Elegí dos de los números decimales aparecidos en el texto y escribí cuatro que se encuentren entre ellos.*

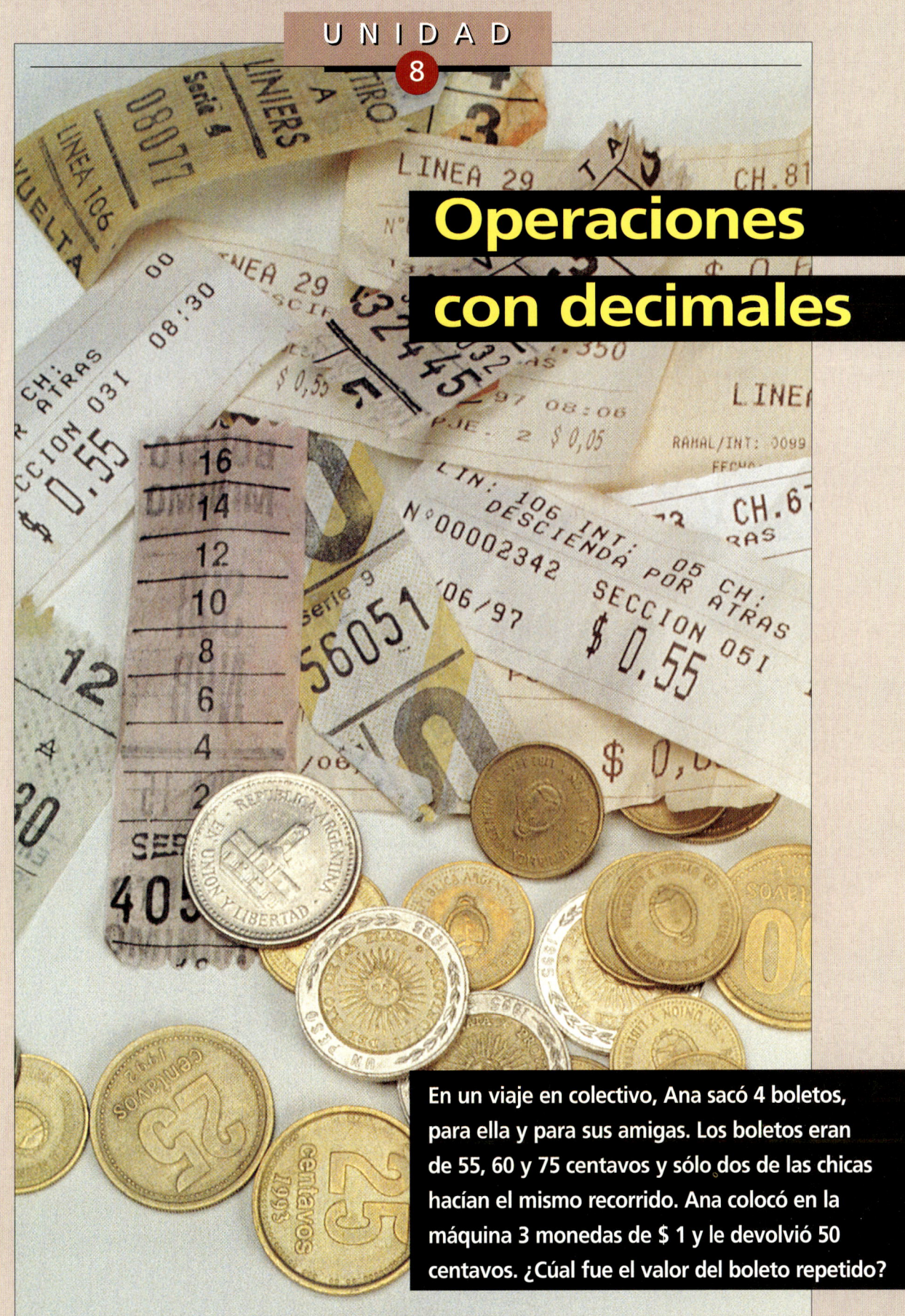

Operaciones con decimales

En un viaje en colectivo, Ana sacó 4 boletos, para ella y para sus amigas. Los boletos eran de 55, 60 y 75 centavos y sólo dos de las chicas hacían el mismo recorrido. Ana colocó en la máquina 3 monedas de $ 1 y le devolvió 50 centavos. ¿Cúal fue el valor del boleto repetido?

¿Cómo se fabrica el dinero?

¿Pensaste alguna vez cuáles fueron los pasos para fabricar los billetes que usás todos los días?

Son muchos, y forman parte de las medidas de seguridad que evitan la falsificación.

Una de las etapas más importantes es la elaboración de la **marca de agua** que sólo se ve a trasluz.

Aunque parezca simple, requiere primero del trabajo de un artesano que la graba en cera, en relieve, y luego del trabajo de varias máquinas, entre ellas estampadoras a presión.

Otro de los pasos es el **estampado** de los billetes, que se lleva a cabo en tres partes:

- la primera, conocida con el nombre de **offset**, es la impresión del fondo (opaco y de colores tenues), en ambas caras del billete;

- luego se imprimen los retratos o motivos principales, los números y las letras. Aquí sí, los colores son intensos y brillantes. Además, este estampado tiene relieve (probá tocando un billete y verás que podrás sentirlo con el tacto).

En esta etapa, llamada **calcografía**, se imprimen también las *rosetas* (esos dibujitos en los que al mover el billete aparecen letras o cambian los colores) y el *elemento de identificación* para los no videntes, en relieve.

- Por último, se lleva a cabo la **tipografía**, que consiste en imprimir las firmas y el número de la serie.

¿Ya terminó? ¡No! Falta cortarlos. Terminado el estampado, grandes hojas que tienen 28 billetes cada una y miden exactamente 69,2 x 49 cm, son cortadas por guillotinas mecánicas.

¡Ahora sí...! Sólo falta empaquetar los billetes de a millares y llevarlos al banco.

MARCA DE AGUA

ROSETA

Nº DE SERIE

ELEMENTO DE IDENTIFICACIÓN PARA NO VIDENTES

FIRMAS

RETRATO

Algunos detalles:

Papel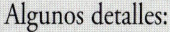

Existen 15 empresas en todo el mundo que fabrican este tipo de papel, a pedido de cada país. El papel del peso argentino se fabrica en Brasil. Tiene fibras de seguridad invisibles a tres colores.

Marca de agua

Forma parte de la estructura del papel, por eso es difícil de reproducir. En los billetes de $2 y $5 es un sol; en los de $10 y $20, la Libertad; en el de $ 50, Domingo F. Sarmiento, y en el de $ 100, Julio A. Roca.

Cada país cuenta con su propio papel moneda que sirve para realizar todo tipo de transacción comercial. Generalmente se utilizan los billetes para los valores mayores y las monedas para los menores.

Para resolver con lo que sabés

MARCADORES $1,20.- C/U

CUADERNO $1,50.-

CARPETAS $3.-

INSTRUMENTOS DE GEOMETRÍA $0,90.- C/U

HABLANDO DE DINERO, ¿QUÉ PUEDO COMPRAR CON $ 10 ?

LÁPICES NEGROS $0,99.- C/U

CARTUCHERA $3,20.-

HOJAS $2,45.-

Javier tiene $ 10 para comprar artículos escolares.

● *Inventá dos posibles opciones de compra con esa suma de dinero.*

Explicá el motivo de tu elección.

● *¿Sobró dinero?*

Los números decimales son parte de nuestra vida cotidiana. Vos ya sabés operar, resolver cálculos con números naturales y fraccionarios. En esta unidad trabajaremos con los decimales, y aprenderemos a realizar distintos cálculos con ellos.

Calculemos con decimales

Resoluciones de algunos amigos

Dos amigos de Javi tratan de ayudarlo en su decisión.

● *Compará sus respuestas con la tuya.*

● *¿Llegaron a resultados parecidos? ¿Por qué?*

MARA

Mara se caracteriza por su practicidad.

Por eso pensó:

cartuchera	$3,20
carpeta	$3
hojas	$2,45

ES CONVENIENTE COMPRAR LO QUE ES NECESARIO.

Para sumar estos precios, revisó el ticket del supermercado y comprendió la importancia de poner la coma encolumnada.

Como el total daba sólo $8,95, decidió que sería bueno comprar también un lápiz. Y volvió a sumar.

$8,95 + 1 = 9,95$

Pero cada lápiz cuesta $ 0,99, entonces restó 1 centavo (o centésimo) y listo: 9,94.

Después de esta compra, le sobrarían 6 monedas de 1 centavo.

CÉSAR

A César le encanta dibujar y pintar, por eso eligió los siguientes artículos: cartuchera, cuaderno, lápiz y todos los marcadores que pudiera comprar con el vuelto.

$3,20 + 1,50 + 0,99 =$

Fijáte cómo lo escribió.

$$\frac{320}{100} + \frac{150}{100} + \frac{99}{100} = \frac{569}{100} \text{ son } \$5,69$$

$$\text{Para marcadores } 10 - \frac{569}{100}$$

$$\text{Como } \frac{10}{1} = \frac{100}{10} = \frac{1.000}{100}$$

$$\frac{1.000}{100} - \frac{569}{100} = \frac{431}{100} \text{ o sea } \$4.31 \text{ para marcadores.}$$

Pero, ¿cuántos marcadores podía comprar?

1 marcador   1,20

3 marcadores $1,20 \times 3 = \frac{120}{100} \times 3 = \frac{360}{100}$ $ 3,60

4 marcadores $1,20 \times 4 = \frac{120}{100} \times 4 = \frac{480}{100}$ $ 4,80

Alcanza para 3 marcadores, pero NO para cuatro

$$4,31 - 3,60 = \frac{431}{100} - \frac{360}{100} = \frac{71}{100}$$

¡Le sobran $ 0,71!

¿Y EL VUELTO?

Otras preguntas para pensar entre todos

●*¿Cuánto gastarías si quisieras comprar un artículo de cada uno de los que figuran en el catálogo?*

●*¿Y si quisieras una docena de marcadores?*

Suma y resta de números decimales

Para leer con atención

Al sumar y restar números con coma, debés tener en cuenta tanto su parte entera como su parte decimal.

Por eso, para no equivocarte en los cálculos, tenés que prestar atención al encolumnar, colocando siempre las comas una debajo de la otra.

De esta manera, cada columna corresponderá a un orden: decenas, unidades, décimos, centésimos... Por ejemplo,

$$60 + 2,19 + 13,62 + 0,745 =$$

```
     60
      2,19
 +   13,26
      0,745
     76,195
```

$$20,9 - 3,57 =$$

```
     20,90
 -    3,57
     17,33
```

Si los números no tienen la misma cantidad de cifras decimales,
se completan las cifras que falten con ceros a la derecha.

Esto es válido porque, $\dfrac{3}{10} = \dfrac{30}{100} = \dfrac{300}{1.000}$

$$0,3 = 0,30 = 0,300 =$$

✎ Actividad

- *Resolvé los cálculos de nuestros amigos, según la regla anterior.*
- *Verificá si los resultados obtenidos son correctos.*
- *Resolvé los siguientes cálculos,*

$$3,23 + \dfrac{4}{10} + 0,5 =$$

$$\dfrac{215}{100} + 3,6 =$$

$$0,85 - \dfrac{31}{100} =$$

$$2 + \dfrac{3}{10} + \dfrac{70}{100} =$$

Multiplicación y división de un número decimal por 10, 100 y 1.000

Para contestar entre todos

- *¿A qué conclusión llegaron nuestros amigos?*
- *¿Qué resultado obtendrán si dividen, es decir, si calculan 3,5 : 10?*
- *Pueden resolver este último cálculo con fracciones decimales. ¿Qué conclusiones sacaron?*
- *Escriban una regla del procedimiento usado en estos cálculos. Explíquenla.*

Multiplicación de un número decimal por un número natural

Volvamos al problema de la compra de útiles. César calculó el valor de 3 y 4 marcadores multiplicando fracciones que luego convirtió en números decimales.

Revisá esas cuentas.

- *¿Cómo explicarías el procedimiento para multiplicar un número decimal por un número natural?*

> Al multiplicar números decimales se puede efectuar el cálculo como si se tratara de números naturales, luego se determina el orden de la parte decimal.

✐ Actividad

Un libro muy grande tiene 400 páginas, cada una de las cuales tiene 0,005 cm de espesor. Si cada tapa del libro tiene un grosor de 0,025 cm, ¿cuál es el grosor del libro incluyendo sus tapas?

Ramiro lee este libro $2\frac{1}{2}$ horas por día, durante una semana. Sabiendo que cada hora lee 45 páginas.

- *¿Llegó a la mitad del libro en ese tiempo? ¿Por qué?*

División de un número decimal por un número natural

Para avanzar en el procedimiento de cálculo, ayudáte con la calculadora.

● *Realizá el siguiente cálculo con la calculadora: 94,36 : 4.*
● *A partir del cociente, tratá de armar la cuenta, y recordá que:*
DIVIDENDO = DIVISOR x COCIENTE + RESTO.

● *¿Cómo es el número de cifras decimales del cociente con respecto al número de cifras decimales del dividendo?*
● *¿Cuándo aparece la coma decimal en el cociente? ¿Tiene relación con el hecho de que estamos dividiendo décimos y centésimos? ¿Por qué?*

Prestá atención a las siguientes divisiones. En todas ellas hay números decimales, pero no siempre en el mismo lugar.

1. **Dos números naturales: dividendo mayor que divisor.**   **108 : 15**

$$\begin{array}{r|l} 108 & 15 \\ \hline 3 & 7, \end{array}$$
Primero, realizamos la división entera y colocamos la coma en el cociente.

$$\begin{array}{r|l} 108 & 15 \\ \text{unidades}\rightarrow 30 & 7,2 \\ \text{décimos}\rightarrow 0 & \downarrow \\ & \text{décimos} \end{array}$$
Agregamos un 0 en el resto (los décimos) y dividimos 30 por 15; el 2 corresponde a la parte decimal del cociente.

2. **Dos números naturales: dividendo menor que divisor.**   **32 : 50**

$$\begin{array}{r|l} 320 & 50 \\ \bigcirc & 0, \end{array}$$
32 unidades = 320 centésimos

Como el dividendo es menor que el divisor, el cociente va a ser menor que la unidad, entonces coloco **0**, y un 0 en el dividendo (porque voy a operar con décimos).

$$\begin{array}{r|l} 320 & 50 \\ \text{décimos}\rightarrow 200 & 0,64 \\ \text{centésimos}\rightarrow 0 & \downarrow \searrow \\ \text{milésimos}\rightarrow & \text{décimos} \quad \text{centésimos} \end{array}$$
Para seguir la división, se continúa colocando ceros en los restos.

3. **Un número decimal por uno natural.**   **32,4 : 24**

32,4 |24____   Se divide por 24 la parte entera
 8   1   del dividendo.

32,4 |_24____   Al llegar a la parte decimal, se coloca
décimos→ 8 4   1,35   la coma en el cociente y se continúa la división.
centésimos→ 1 2 0 décimos
                    centésimos
              0

4. **Dos números decimales.**   **2,25 : 0,3**

2,25 |_0,3____   Antes de comenzar, se igualan las cantidades
2,25   0,30   de cifras decimales de dividendo y divisor
                     con ceros.

2,25 x 100 = 225   Se multiplican dividendo y divisor
0,30 x 100 = 30   por la unidad seguida de ceros, para eliminar
                     la coma y dividir así dos números naturales.

unidades→ 225 |_30____
décimos→150   7,5
         0   ↓
                 décimos

Antes de realizar cualquier división, es conveniente que anticipes
el cociente, es decir, que estimes su valor. Esto te permitirá controlar el resultado.

Para responder entre todos

● *¿En qué casos el cociente es mayor que el dividendo?*

● *En una división entre dos números decimales, ¿cuándo valdrá 0 la parte entera del cociente?*

● *Intentá explicar las divisiones anteriores usando fracciones decimales.*

● *Inventá una división para cada caso e intercambiálas con las de otro compañero. Obtengan el cociente y corríjanlas.*

Para resolver con lo que aprendiste

● *Corregí los cálculos.*

a) $0,60 + 0,20 + \dfrac{1}{2} = 0,120$

b) $3,05 + 0,5 - 2,1 = 1,00$

c) $31,8 + 16,5 = 47,13$

d) $\dfrac{12}{10} - \dfrac{9}{20} = 0,75$

e) $11,25 : 7,5 = 15$

f) $13,5 \times 0,6 = 0,81$

● *¿Cuál es el resultado de la suma de cuatro números, si el primero es 70,385 y cada uno de los siguientes es igual al anterior menos 0,135?*

● *¿Y el resultado del producto de tres números, si el primero es 4,25, el segundo es el doble del primero y el tercero es la quinta parte del segundo?*

● *Calculá mentalmente.*
$0,05 \times 0,2 =$
$0,9 \;\times 0,001 =$
$0,50 \times 0,02 =$

● *Hallá el resultado de 23 x 23. Con ese producto resolvé estos otros, sin usar lápiz ni papel.*
$2,3 \;\times 2,3 =$
$0,23 \times 0,23 =$
$23 \;\;\times 0,023 =$

● *Buscá en diarios y revistas propagandas de diferentes productos con sus precios. Elegí 5 de ellos y calculá en forma aproximada el valor de su compra, redondeando sus precios.*

Alimentarse bien es sinónimo de salud

En la dieta de cualquier persona no pueden faltar los minerales.
Imaginá que sos un médico nutricionista y conocés la siguiente información.

Y también sabés que 100 g de cada uno de los siguientes productos contienen:

100 gramos de	gramos que contiene de	
	HIERRO	CALCIO
hígado de vaca	0,008	0,011
arroz cocido	0,0005	0,011
manzana	0,000018	0,007
huevo duro	0,002	0,0013
leche entera	0,00005	0,119
pan francés	0,0007	0,017
espinaca hervida	0,003	0,135
tomate crudo	0,0004	0,006
merluza al horno	0,0014	0,022
papa hervida	0,0003	0,007
helado de palito	0	0

- *De los alimentos de la lista, ¿cuáles son los más ricos en hierro? ¿Y en calcio?*
- *Si comés 1 kg de pan, ¿cuánto hierro ingerís? ¿Alcanza para el requerimiento diario?*
- *¿Qué alimento aporta más calcio, la papa o el tomate? ¿Cuánto? ¿Por qué?*
- *Armá un menú con las cuatro comidas del día (desayuno, almuerzo, merienda y cena), teniendo en cuenta los requerimientos de hierro y calcio. Quizá sea necesario que consideres, para alguno de los alimentos de la tabla, más de 100 gramos.*

En una caja de cereal azucarado figura la siguiente información nutricional.

30 g de copos de maíz contienen:

proteínas   1,5 g

lípidos   0,1 g

hidratos de carbono   25,8 g

calorías   110,1

**30 g de copos de maíz más
un vaso de leche entera contienen:**

proteínas   5,1 g

lípidos   3,7 g

hidratos de carbono   31,2 g

calorías   178,5

● *¿Cuántas calorías y proteínas aporta el vaso de leche?*

● *¿Cuántas calorías se incorporan al organismo por cada gramo de cereal azucarado?*

● *¿Cuántos hidratos de carbono ingerís al comer 1 kg de cereal?*

● *Juan toma 1 vaso de leche con 30 g cereal en el desayuno y 1 $\frac{1}{2}$ vaso con 45 g de cereal*

en la merienda.
¿Cuántos gramos de cada grupo de alimentos incorpora en el día con esas dos comidas?

● *El nutricionista le aconseja a un paciente incorporar a su dieta 330,3 calorías.*
¿Cuántos gramos de cereal deberá comer para cumplir con esa indicación?

● *Si tomás 2 vasos de leche y comés 90 gramos de cereal, ¿cuántos lípidos aportás a tu organismo?*

Decimales con calculadora

En esta unidad presentamos algunos procedimientos usados para resolver cálculos con números decimales. Es importante que encuentres la mejor forma de obtener los resultados correctos. (A veces los logros llegan después de mucho práctica.)

La calculadora puede ser muy útil tanto para controlar resultados como para investigar y descubrir propiedades de los números decimales.

Para resolver con la calculadora

● *Te presentamos un fichero decimal.*

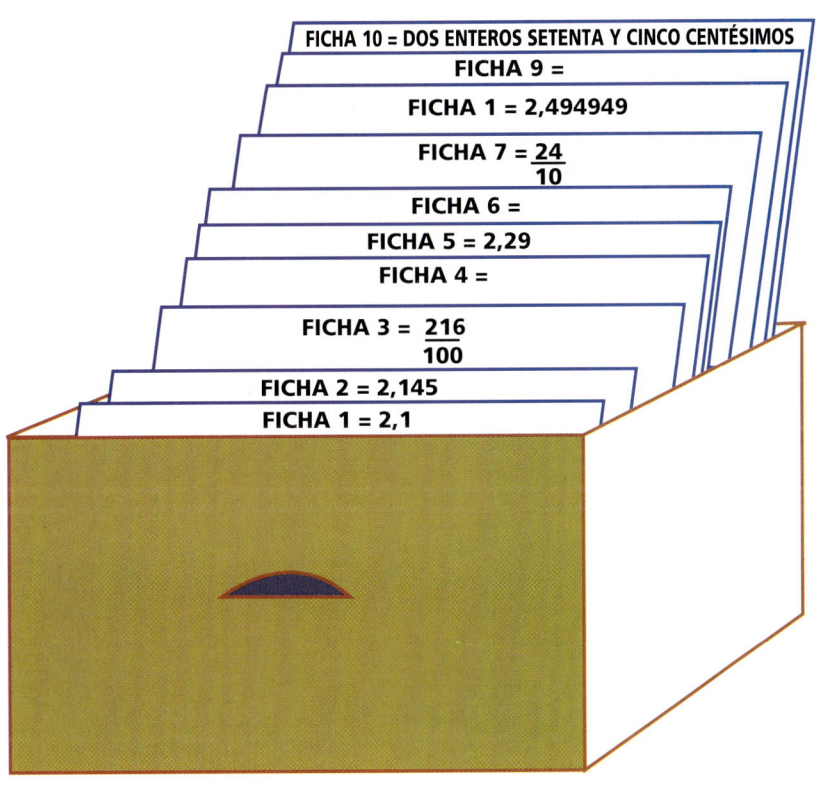

En este fichero se colocaron las tarjetas en orden numérico.

Las tres fichas en blanco corresponden a los resultados de las siguientes operaciones.

45,678910 - 43,345577

98 : 38

3 : 2,4300017

● *Con la calculadora averiguá el resultado.*

● *Completá las fichas.*

Para jugar entre dos

18	46	33	46
95	131	152	215
255	354	440	700
1978	2135	2651	2862
2813	3877	4890	9340
13001	14900	17000	29880

● *Por turno, elijan dos números de la tabla anterior.*

● *Estimen el resultado que obtendrán al dividirlos; y luego hagan la cuenta con la calculadora.*

Obtiene dos puntos aquel que más se acercó al resultado.

El primero en sumar 10 puntos es el ganador.

¡Cuidado! Un mismo número no podrá usarse dos veces en el mismo juego.

● *¡Qué misterio!*

Juana pulsó la misma tecla de operación y el mismo segundo número en su calculadora, para cada uno de esos resultados.

Solamente variaba el primer número que ingresaba en la calculadora.

Te mostramos el primer número y el resultado que aparecía en el visor para que, usando tu calculadora, averigües cuáles eran las otras teclas.

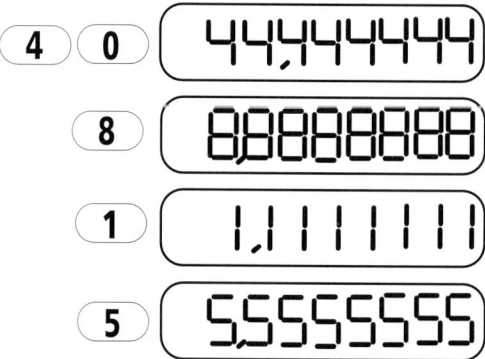

Operación: ....

Segundo número: ....

Para comprobar lo que aprendiste

Cada país tiene su propia unidad monetaria, de curso legal dentro de sus territorios, pero carente de valor en otros países.

Como las personas viajan de un país a otro y además existe el comercio de productos entre éstos, se hace necesario poder intercambiar las distintas unidades monetarias.

Al dinero extranjero (de otras naciones o de particulares) que tienen los bancos de un país, se lo conoce con el nombre de **divisas**.

En los diarios y periódicos aparecen las cotizaciones de las diferentes unidades monetarias. En las publicaciones de nuestro país, figura el valor en pesos de cada una de ellas.
Ésta es una tabla de cotizaciones.

Divisas 100 unidades	BANCO NACION	
	Com.	Vend.
Dólares EE.UU.	99,9000	100,0000
Libras Esterlinas	164,6400	165,0000
Francos franceses	16,6189	16,7339
Liras	0,0566	0,0569
Pesetas	0,6570	0,6589
Marcos Alemanes	55,7433	55,9203
Marcos finlandeses	18,3897	18,5236
Florines holandeses	49,4404	49,6044
Francos belgas fin.	2,6995	2,7134
Francos belgas com.	2,6995	2,7134

● *Explicá con tus palabras la información que encontrás en cada columna.*

● *Elegí tres países e imaginá que vas a visitarlos. Contás con $ 240 para regalos y destinás igual cantidad de pesos argentinos para cada uno de ellos. Al cambiar tu dinero por la divisa correspondiente, ¿cuánto obtenes de cada una de esas monedas?*

● *Si querés comprar igual número de moneda de cada uno de los países que elegiste (por ejemplo, 450), ¿cuántos pesos argentinos debes destinar a cada divisa?*

● *En la tabla figura la cotización del dólar y del marco alemán.*
¿Cuántos dólares necesitás para adquirir 50 marcos? ¿Cómo lo averiguaste?

Mediciones

El juego consiste en llenar un recipiente
de 5 litros usando dos baldes de 3 y 4 litros,
respectivamente. Si los baldes no están
graduados, ¿qué método usarías
para medir el agua, colocar los 5 litros
y ganar la competencia?

Las comunicaciones acercan a las personas

Los medios modernos de comunicación permiten que seres humanos que habitan en lugares distantes, puedan estar en contacto. El telégrafo, el teléfono, el fax, el correo común y el electrónico son sólo algunos de ellos.

Pero, además de los sistemas de comunicación que permiten hacer llegar mensajes a una persona en particular, hay otros medios de comunicación, los medios masivos, que envían información a toda una población, sin hacer distinción de quiénes la reciben.

Todos podemos escuchar radio, leer diarios y revistas, ver televisión, y así conocer no sólo lo que pasa en nuestra localidad, sino también lo que ocurre en el resto del país, el mundo y, hasta en algunos planetas vecinos, como Marte.

Gracias a la televisión hoy podemos festejar un gol argentino hecho en Japón, un instante después de que el jugador marcó el tanto.

La televisión transmite imágenes con sonido por medio de ondas que viajan por el espacio y por cables. Pero no siempre pudo verse como lo hacemos ahora. Las primeras transmisiones (además de ser en blanco y negro) eran bastante borrosas.

En 1929 se transmitió el primer programa en Inglaterra; en nuestro país, recién en 1951 se iniciaron las emisiones públicas en blanco y negro, con un solo canal y en horarios restringidos.

En la década de 1970 apareció la televisión en color, que llegó a Argentina en 1978, para asombro de los ancianos y alegría de los chicos.

Hoy la televisión nos brinda una gran variedad de programas y, por supuesto, de propagandas.

Para resolver con lo que sabés

En televisión hay un programa de juegos en el cual concursan equipos que representan a distintas localidades.

Los equipos deben realizar una serie de prendas y el que suma más puntos recibe como premio dinero para atender algunas necesidades de su pueblo: ampliar la sala de primeros auxilios, el mejoramiento de la biblioteca, comprar otra computadora para la escuela, etcétera.

Uno de los juegos consiste en llenar un recipiente graduado en litros usando vasos con agua. Esto no es nada fácil, porque el recipiente se encuentra sobre una superficie móvil y el agua sale de distintos lugares.

Después de la prenda, al ver las imágenes finales de los recipientes, varios compañeros que miran el programa dudan. Teniendo en cuenta que los vasos tienen $\frac{1}{4}$ litro de capacidad, los chicos preguntan:

¿CUÁNTOS VASOS LOGRÓ PONER EN EL RECIPIENTE CADA EQUIPO? ¿QUÉ CANTIDAD DE LITROS TIENE CADA UNO?

¿CUÁNTOS VASOS DEBE COLOCAR EL EQUIPO QUE ESTÁ PERDIENDO PARA PODER GANAR? ¿POR QUÉ?

Cuando el comercio se extendió, se planteó la necesidad de contar con un sistema de medida que no trajera malos entendidos. Quizás ése fue el comienzo del Sistema Métrico Decimal.
En esta unidad trabajaremos con ese sistema y con los aspectos a tener en cuenta en el momento de realizar una medición.

Todo es cuestión de medida

Establecer la distancia entre dos lugares, determinar el peso de ciertas construcciones, estimar la capacidad de un recipiente, fueron algunas de las situaciones que los seres humanos debieron resolver desde hace muchísimos años.

Por eso medir siempre resultó importante y se fueron perfeccionando constantemente los métodos e instrumentos que se utilizaban.

Para medir longitudes, las personas comenzaron comparando partes de su cuerpo con los objetos a medir. Manos, pies, brazos y pasos fueron instrumentos y unidades de medida, hasta que se usaron ramas o varillas.
Para medir líquidos se utilizaban vasijas de diferentes tamaños, y para pesar se inventaron balanzas con pesas de distintos materiales.

Resoluciones de algunos amigos
Tres amigos trataron de hallar las respuestas para el problema de los recipientes.

- *¿Cuál de estas resoluciones se parece a la tuya?*
- *¿Cuál te parece la más fácil? ¿Y la más difícil? ¿Por qué?*

FEDE

Utilizó fracciones.

1 es 4 veces $\frac{1}{4}$.
$2\frac{3}{4}$ ---> 4 + 4 + 1 + 1 + 1 = 11 vasos que son $\frac{11}{4}$.
De $\frac{3}{4}$ a $\frac{1}{4}$ hay 2 vasos.
$2\frac{1}{4}$ son 9 vasos que son $\frac{9}{4}$.

Pese a que esto no le trajo inconvenientes, se quedó pensando. ¿Qué pasaría si dos equipos cargan más o menos la misma cantidad? ¿Cómo saber quién ganó?

RAMÓN

Resolvió las preguntas realizando dos gráficos.

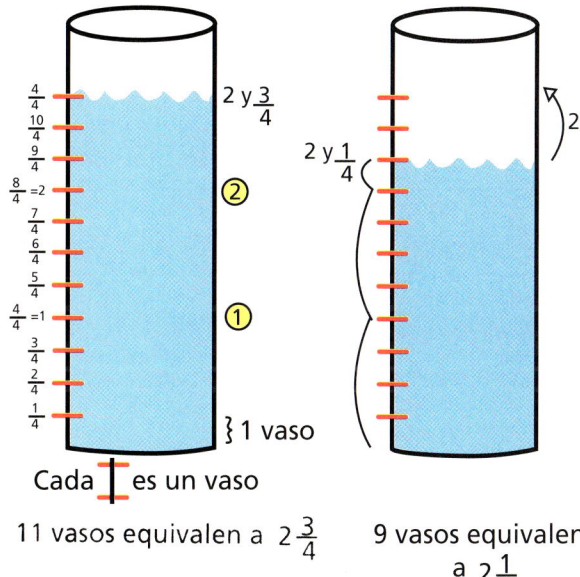

Cada | es un vaso

11 vasos equivalen a $2\frac{3}{4}$ 9 vasos equivalen a $2\frac{1}{4}$

TOMÁS

Al ver los recipientes, decidió que los dos equipos habían superado los 2 litros, es decir que ambos habían llenado por lo menos 8 vasos.
Recordó que cada vaso era $\frac{1}{4}$ de litro.

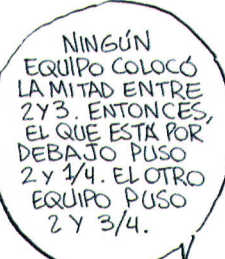

NINGÚN EQUIPO COLOCÓ LA MITAD ENTRE 2 Y 3. ENTONCES, EL QUE ESTÁ POR DEBAJO PUSO 2 Y 1/4. EL OTRO EQUIPO PUSO 2 Y 3/4.

Pero, ¿tomar $\frac{1}{4}$ como unidad menor no traerá un error de medición muy grande?
¿Cómo podemos determinar cuál es el error aceptable en una medición?

¿Qué es medir?

Medir es comparar.

La medición es una actividad que realizamos al comparar físicamente el objeto que se va a medir con una unidad de medida elegida. Para hacerlo usamos distintos instrumentos, según lo que nos interese medir.

- Al medir la capacidad de un recipiente comparamos cuántas veces entra la unidad de medida elegida en él. En la competencia que vimos, la unidad usada fue $\frac{1}{4}$ litro, que era la capacidad de un vaso.

- Al pesar un cuerpo, observamos cuántas pesas debemos colocar del otro lado para equilibrar la balanza. Comparamos el objeto que pesamos con la cantidad de unidades del otro platillo.

- El instrumento que podemos usar para medir la longitud de una cinta es el centímetro de modista, así determinamos a cuántos centímetros equivale.

✎✎✎ *Actividad grupal*

Para hacer con un compañero

● *Reúnan distintos recipientes de plástico. Pueden ser envases descartables de agua mineral de 2 litros, 1 litro, $\frac{1}{2}$ litro y $\frac{1}{4}$ de litro (en este caso puede ser un vaso).*

● *Indiquen numéricamente la relación que existe entre las capacidades de los recipientes. Pueden ayudarse comprobando cuántas veces entra uno en otro.*

● *Consigan un recipiente del cual desconozcan su capacidad; si es posible, que tenga una forma inusual.*

● *Completen una tabla similar a ésta, teniendo en cuenta que siempre miden en el mismo recipiente, pero usando distintas unidades.*

UNIDAD	MEDIDA

● *Observen las medidas obtenidas para el mismo objeto. ¿Son siempre las mismas? ¿Por qué?*

El litro

En el Sistema de Medidas, la unidad de capacidad es el litro; se abrevia **l**.

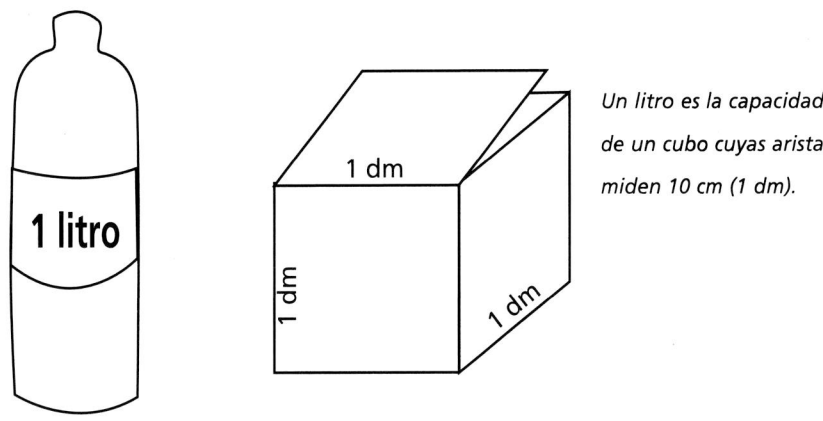

Un litro es la capacidad de un cubo cuyas aristas miden 10 cm (1 dm).

El litro es una unidad demasiado grande para medir, por ejemplo, medicamentos líquidos, y demasiado pequeña para medir un tanque de agua o una pileta. Por eso, se utilizan unidades menores y mayores que el litro. Aunque no todas ellas se usan habitualmente, te las presentamos para que conozcas su graduación y equivalencias.

Unidades menores

1 decilitro	equivale a 0,1 litro
1 centilitro	equivale a 0,01 litro
1 mililitro	equivale a 0,001 litro

Unidades mayores

1 decalitro	equivale a 10 litros
1 hectolitro	equivale a 100 litros
1 kilolitro	equivale a 1.000 litros
1 mirialitro	equivale a 10.000 litros

 *Actividad*

Para pensar

- *¿Cuántos centilitros hay en un litro?*
- *¿Qué relación encontrás entre estas unidades y el sistema de numeración que usamos para representar los números?*

Longitudes

La prueba del palo enjabonado es un juego en el cual los equipos deben trepar tratando de lograr la mayor altura.

GRAN CONCURSO
DEL PALO ENJABONADO
ROJOS   1m 2dm 8cm
VERDES   18 dm
AZULES   128 cm
AMARILLOS   60 cm

● *¿Qué equipo ganó? ¿Cuál salió último?*

Para responder estas preguntas, un miembro del jurado hizo la siguiente anotación:

m	dm	cm		
1	2	8	1,28	= un metro, veintiocho cm.

● *¿A qué equipo corresponde la anotación?*

● *¿Cómo se expresan los otros resultados en metros? ¿Cómo se lee cada número?*

● *Pintá las camisetas de cada participante según el color que le corresponda.*

Si necesitás ayuda para contestar estas preguntas, no dudes en consultar tus anotaciones y libros del año pasado.

El metro

Para medir longitudes la unidad del Sistema de Medidas es el **metro**; se abrevia **m**. Pero, al igual que con el litro, existen unidades menores y mayores que él.

Unidades menores

1 decímetro	dm	equivale a 0,1 metro
1 centímetro	cm	equivale a 0,01 metro
1 milímetro	mm	equivale a 0,001 metro

Unidades mayores

1 decámetro	dam	equivale a 10 metros
1 hectómetro	hm	equivale a 100 metros
1 kilómetro	km	equivale a 1.000 metros
1 miriámetro	mam	equivale a 10.000 metros

 ## *Actividad*

Para responder

- ¿Cuántos m equivalen a 1 dam? ¿Y a 1 mam?
- Si cada metro tiene 10 dm, ¿cuántos dm tiene 1 dam?
- ¿Cuál es la unidad 10 veces mayor que el dam?
- ¿Cuál es la medida 1.000 veces menor que el km?

● *Uní las longitudes equivalentes.*

5 m	2 m
300 km	5 dam
13 cm	5000 km
2000 mm	300.000 m
1/2 hm	130 mm

● *Imaginá que estás en la puerta de tu casa. Indicá qué objetos o lugares se encuentran a:*

1 metro;

10 metros;

100 metros;

1.000 metros, o sea 10 veces 100 metros.

Para pensar

● *¿Qué operación realizás para pasar de una unidad mayor a una menor?*

● *¿Y de una menor a una mayor? ¿Por qué?*

Peso

● *Si los perros adultos pesan lo mismo y los cachorros nacieron todos con igual peso, ¿cuánto pesa cada perro y cada perrito?*

Fijáte en las anotaciones de este amigo.

1ª *balanza:*   2 *grandes y* 3 *chicos*

peso total: $5 + 5 + 3 + 3 + \dfrac{1}{2} + \dfrac{1}{2} + 4 + \dfrac{3}{4} = 21\dfrac{3}{4}$

2ª *balanza:*   4 *grandes y* 3 *chicos*

peso total: $10 + 10 + 10 + 4 + 4 + 1 + \dfrac{1}{2} + \dfrac{1}{4} = 39\dfrac{3}{4}$

● *Con esta ayuda, ¿podés dar la respuesta?*

El gramo

Para medir pesos la unidad es el **gramo**; también es muy usada otra unidad, el kilogramo, que habitualmente llamamos *kilo*. La relación entre ellas es: 1 kilogramo equivale a 1.000 gramos.

Unidades menores

1 decigramo	dg	equivale a 0,1 gramo
1 centigramo	cg	equivale a 0,01 gramo
1 miligramo	mg	equivale a 0,001 gramo

Unidades mayores

1 decagramo	dag	equivale a 10 gramos
1 hectogramo	hg	equivale a 100 gramos
1 kilogramo	kg	equivale a 1.000 gramos
1 miriagramo	mag	equivale a 10.000 gramos
1 quintal	q	equivale a 100.000 gramos
1 tonelada	t	equivale a 1.000.000 gramos

Las últimas unidades se utilizan para medir pesos muy grandes, en puertos, campos y fábricas.

✐ *Actividad*

● *Qué unidades usarías para medir el peso de:*

- la carga de un camión;

- este libro;

- un saquito de té;

- un ovillo de lana;

- un armario.

● *¿Qué unidad cumple con la igualdad?*

73 kg = 730 ...

126 g = 0,126 ...

9,81 g = 981 ...

45 mg = 0,045 ...

Todo se mide

Si tuvieras que anotar en un cuaderno todas las veces que medís algo, desde que te levantás hasta que te acostás, verías con sorpresa que podés llenar muchos renglones y que registrarías algo más que pesos, capacidades y longitudes.

Son muchos los instrumentos que se usan para medir diferentes objetos o fenómenos. Algunos los conocés, o, quizás, los escuchaste nombrar. Otros tienen nombres rarísimos.

✎ *Actividad*

● *Investigá qué se mide con cada uno de estos instrumentos.*

pluviómetro	veleta
barómetro	parquímetro
radar	fotómetro
calibre	cronómetro

● *Investigá cómo se llaman y quiénes usan los instrumentos para medir:*

la temperatura;

el ritmo con que late el corazón;

la duración del tiempo;

los ángulos;

la velocidad de un auto;

la presión sanguínea.

Otros instrumentos

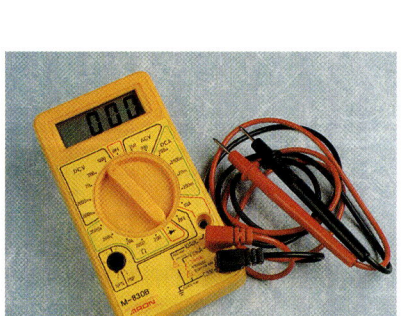

● El **sonar** evita catástrofes, pues detecta la presencia de objetos sumergidos midiendo las vibraciones que éstos emiten.

● El **espirómetro** se utiliza para medir la capacidad respiratoria.

● Con el **tester** es posible determinar la intensidad de la corriente eléctrica y el voltaje.

Tester.

● El aparato que mide la cantidad de calor que desprenden o absorben los procesos físicos o químicos se llama **calorímetro**.

Para contestar entre todos

● *¿Por qué la mayoría de los nombres de los instrumentos termina en* metro?

● *¿Conocés otros instrumentos de medición? ¿Cuáles?*

● *Preguntá a otras personas y aumentá la lista que te dimos; compartíla con tus compañeros.*

Errores y mediciones

Volvamos al concurso de la televisión, te contamos que... ¡ganó Pergamino!

Con el premio deciden armar nuevas estanterías para la biblioteca municipal. Uno de los empleados se ofrece para pedir un presupuesto en la carpintería.

Al tomar las medidas de los estantes lo hace con una regla de 20 cm que usa para confeccionar las fichas de los libros.

La siguiente es la información que lleva al carpintero.

Estantes para la sección de libros infantiles.
Largo: 190 cm
Ancho: 40 cm

Estantes para la sección de novelas y ciencia.
Largo: 205 cm
Ancho: 50 cm

Como el precio era razonable, encargó el trabajo.

Antes de comenzar, el carpintero concurrió a la biblioteca para tomar las medidas necesarias con su metro plegable. Al medir obtuvo los siguientes resultados.

LIBROS INFANTILES
LARGO 192 CM
ANCHO 43 CM
NOVELAS Y CIENCIA
LARGO 208 CM
ANCHO 49 CM

● *¿Por qué habrán sido diferentes las mediciones?*

● *¿Cuál fue el error en cada medición?*

● *Si el carpintero no tomaba nuevamente las medidas, ¿qué hubiera ocurrido?*

Toda medición podemos pensarla como un proceso, en el cual interviene una serie de aspectos. Entre ellos:

- el objeto que vamos a medir; en nuestro ejemplo, los estantes;
- la característica que vamos a medir de dicho objeto, (la longitud de los estantes);
- la unidad elegida (centímetros);
- el instrumento adecuado para realizar la medición, en este caso el metro del carpintero;
- el error aceptable que podemos cometer al medir, para que la medida obtenida sea útil.
En el caso de los estantes, la primera medición realizada por el empleado de la escuela tiene un error que conducirá a confeccionar estantes inadecuados.

Un mismo error en medida, puede tener diferente importancia. No es lo mismo un error de 20 gramos al pesar un kilo de papas que al pesar un diamante o un medicamento.

 ## *Actividad*

Para pensar

● *En el ejemplo de los estantes, ¿sería de utilidad una medida con un error de más de 1 centímetro? ¿Por qué?*

● *Si lo que se mide es la altura de una montaña, ¿el error anterior es importante? ¿Por qué?*

● *¿Cuál sería en ese caso un error que haría inútil la medición? ¿Por qué?*

● *Si el objeto a medir fuera el pizarrón, indicá:*
- característica a medir;
- unidad elegida;
- instrumento de medición;
- error estimado.

● *¿Y si quisieras medir el espesor de un libro?*

Para resolver con lo que aprendiste

● *¿Qué unidad usarías para medir?*

El peso de:

- una hoja de árbol;

- un caramelo;

- la cosecha de trigo obtenida en un campo;

- un colectivo;

- un maniquí.

La longitud de:

- el camino de tu casa a la escuela;

- el mástil de la bandera;

- el ancho de un cabello;

- un pan de manteca.

La capacidad de:

- el tanque de un camión con nafta;

- una lata con pintura;

- una cubetera;

- una cucharada de té.

● *Completá usando las unidades: litro, kilolitro y centilitro,*

- un balde tiene capacidad para 10 ....;

- un frasco de jarabe contiene 250 ....;

- un agricultor usa 12 .... de agua para el riego;

- la capacidad de un termotanque familiar es de 120 .....

● *¿Cuál es más pesado? ¿Cuánto pesaría?*

- Un adorno de: plomo   madera   cristal

- Una jarra con: agua   tergopol   arena

- Una bolsa con: cartones   telas   libros

- Un frasco con: pastillas   anillos   papelitos

• *Para hacer sin utilizar la regla graduada.*

a) Averiguá a qué segmentos de la figura corresponden los designados por: 1, 2, 3 y 4.

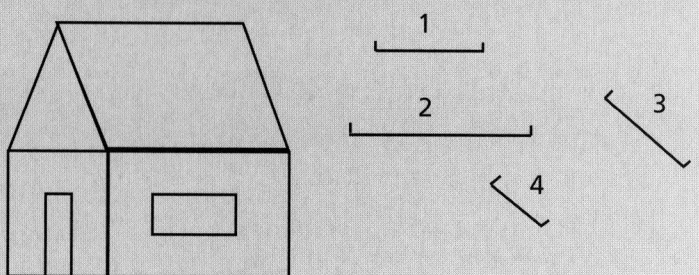

b) Indicá cuál es la poligonal -1, 2, ó 3- con la que podés construir el polígono **abcde**.

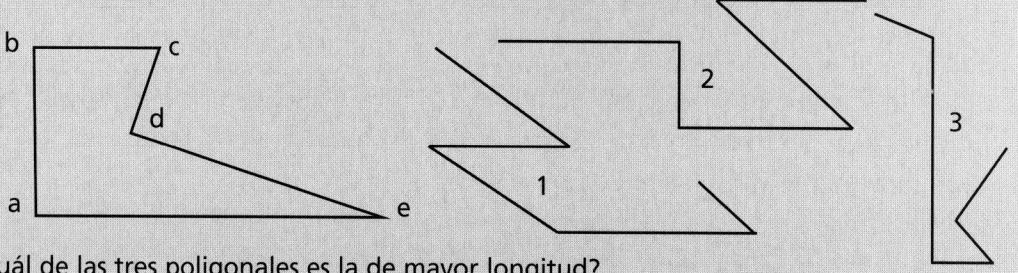

- ¿Cuál de las tres poligonales es la de mayor longitud?

c) Qué puntos tenés que unir para construir un segmento de:

   3 cm   4 cm   5 cm

• *Para estimar y completar.*

Un huevo de gallina pesa .... g y tiene una longitud de .... cm.

Una aspirina tiene un peso de .... mg y un diámetro de .... mm.

Una taza llena de té contiene .... cl, pesa .... g y tiene .... dm de alto.

Un camión que llega al puerto trae una carga de .... toneladas o sea .... kg y el largo de ese camión es de .... metros.

- ¿Tus estimaciones coinciden con las de tus compañeros?

• *¿Cuál es la unidad de medida a elegir, el instrumento adecuado y el error máximo que se puede cometer en las siguientes mediciones?*

- pesar un anillo de oro que un señor quiere vender;

- medir la altura y el ancho de una pared para decidir la cantidad de papel para empapelarla;

- pesar cinco vacas para calcular cuánto se obtendrá por su venta;

- calcular la cantidad de agua que se colocará en una pileta de natación para saber cuánto cloro agregar;

- pesar la harina para preparar una pizza.

Para saber un poco más

A veces, también se usan otras unidades, por ejemplo, la milla.

- La milla terrestre, que surgió de la longitud recorrida por un soldado romano, equivale a 1.609 metros.

- La milla marina, que se usa para medir distancias recorridas por embarcaciones, es igual a 1.853 metros.

- La ciudad de Indianápolis (Estados Unidos) se ha hecho famosa por su circuito de carreras de automóviles, en donde se celebran anualmente, en el mes de mayo, las *500 millas de Indianápolis*; cada equipo completa esa distancia en 200 vueltas.

- ¿Qué cantidad de km se recorren en la carrera de Indianápolis?

¿Cuántos km tiene cada vuelta?

- Las regatas son también carreras, pero entre embarcaciones.

La regata *Vuelta al mundo*, la más larga entre estas competencias, se celebra cada 4 años. Empieza en Inglaterra y termina en Cabo de Hornos. Dura varios meses, ya que las embarcaciones recorren 32.000 millas náuticas.

- ¿En cuántos km supera la regata *Vuelta al mundo* a la famosa carrera de automóviles?

Las piedras preciosas se pesan en quilates; un quilate equivale a 205 gramos.

- Entre los diamantes más famosos se encuentra el *Culligan*, el más grande del mundo, descubierto en Sudáfrica en 1905; pesaba 3.106 quilates. Al tallarlo se produjeron 105 gemas cuyo peso total era de 1.063 quilates. La mayor de éstas, conocida como *Estrella de África*, pesaba 530 quilates y tenía forma de gota de agua.

- ¿Cuál era el peso del diamante *Culligan*, expresado en gramos?

¿Pesaba más o menos que kg?

Para estimar

● *¿Cuántos gramos se perdieron al tallar el diamante?*

      40   4.000   400

● *¿Cuál fue el peso del diamante Estrella del África?*

      100 g   300 g   500 g

Para jugar un ratito

Número de jugadores requeridos para este juego, entre 2 y 5.

Cada uno de los jugadores, por turno, elegirá un objeto que esté a la vista sin nombrarlo. Los demás podrán hacerle preguntas para identificarlo.

Solamente se permiten preguntas que puedan ser respondidas con medidas. Por ejemplo, *¿pesa dos kilogramos?*, *¿su altura es mayor que tres metros?*

Para comprobar lo que aprendiste

Nuestro cuerpo, una máquina maravillosa

El hombre se informa, se comunica, inventa, construye.

Crea aparatos para comunicarse por medio de ondas que viajan por el aire, impresoras para publicar diarios y revistas que lleven a la gente las noticias y los acontecimientos internacionales, computadoras que nos conectan con el resto del mundo... Pero aún no ha logrado superar la maravillosa máquina de nuestro cuerpo.

- El corazón, que pesa menos de $\frac{3}{4}$ kg, late impulsando sangre hacia todo el cuerpo. unas 60 veces por minuto, sin parar, a lo largo de toda la vida.

- En un día, el corazón bombea suficiente líquido como para llenar un depósito de 10.000 litros.

- Los 5 litros de sangre que viajan por el cuerpo, son filtrados por los riñones para eliminar los productos de desecho; 20 hectolitros de sangre pasan por estos filtros cada día.

- Nuestra piel cubre todas las salientes y curvas del cuerpo. Tenemos aproximadamente $\frac{1}{2}$ kg de piel.

- Las uñas son una sustancia parecida a piel endurecida, y crecen 1 mm cada dos semanas.

- Los pulmones mueven diariamente 12,950 kilolitros de aire. Después de 30 segundos de contener la respiración, salvo en entrenamientos especiales, necesitamos respirar nuevamente.

- Cuando tragamos comida, ésta tendrá por delante un viaje a través de 29 pies de tubos y cámaras: el aparato digestivo. (1 pie equivale a 3,2 cm.)

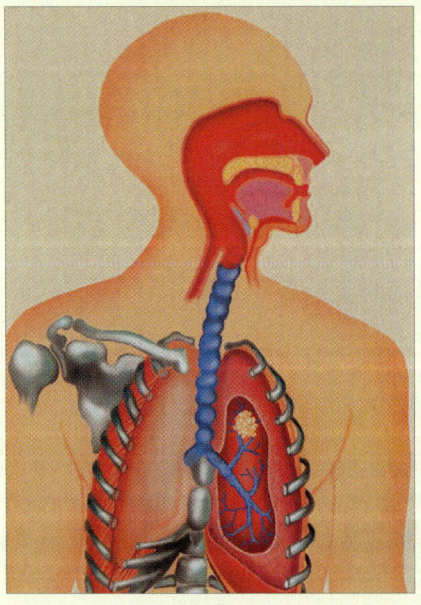 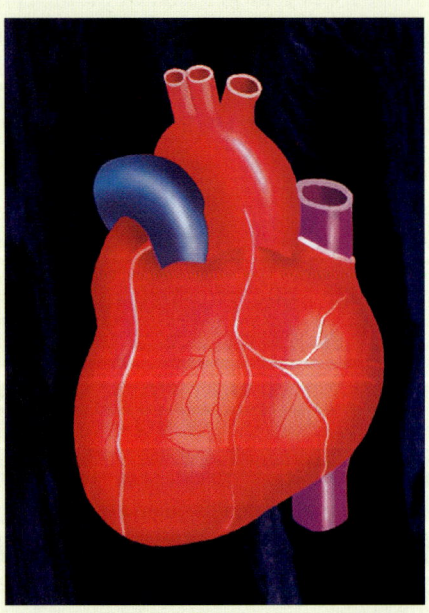

● *Marcá con tu regla un segmento que indique, en centímetros, cuánto crecen las uñas en un bimestre.*

● *¿La cantidad de sangre que viaja por tu cuerpo cabría aproximadamente en una jarra, un balde o una taza?*

● *El riñón filtra por día:*

20.000 litros   2.000 litros   200.000 litros de sangre.

● El corazón bombea diariamente:

1 kl   100 hl   10 dal de sangre.

● *Calculá la longitud en metros del aparato digestivo.*

● *Marcá esa longitud en el patio de la escuela.*
¿Cómo puede estar dentro de nuestro abdomen?

● *¿Cuántos gramos pesan el corazón y la piel?*
¿Pesan más o menos que la cuarta parte de tu peso?

● *¿Cuántas veces late tu corazón en una hora?*
¿Qué sucede con los latidos cuando estás muy agitado porque corriste en el recreo?

● *¿Cuántos litros de aire pasan por tus pulmones durante una semana?*

● *Pedíle a un compañero que deje salir de sus pulmones todo el aire que pueda. Con un centímetro de plástico o hule, como el que utilizan las modistas, medí el contorno de su pecho.*
Después decíle que deje entrar a sus pulmones todo el aire posible y volvé a medirlo.
a) ¿Cuántos mm de diferencia hay entre las dos mediciones?
b) Probá con otros compañeros y compará la capacidad de cada uno para almacenar aire en los pulmones.

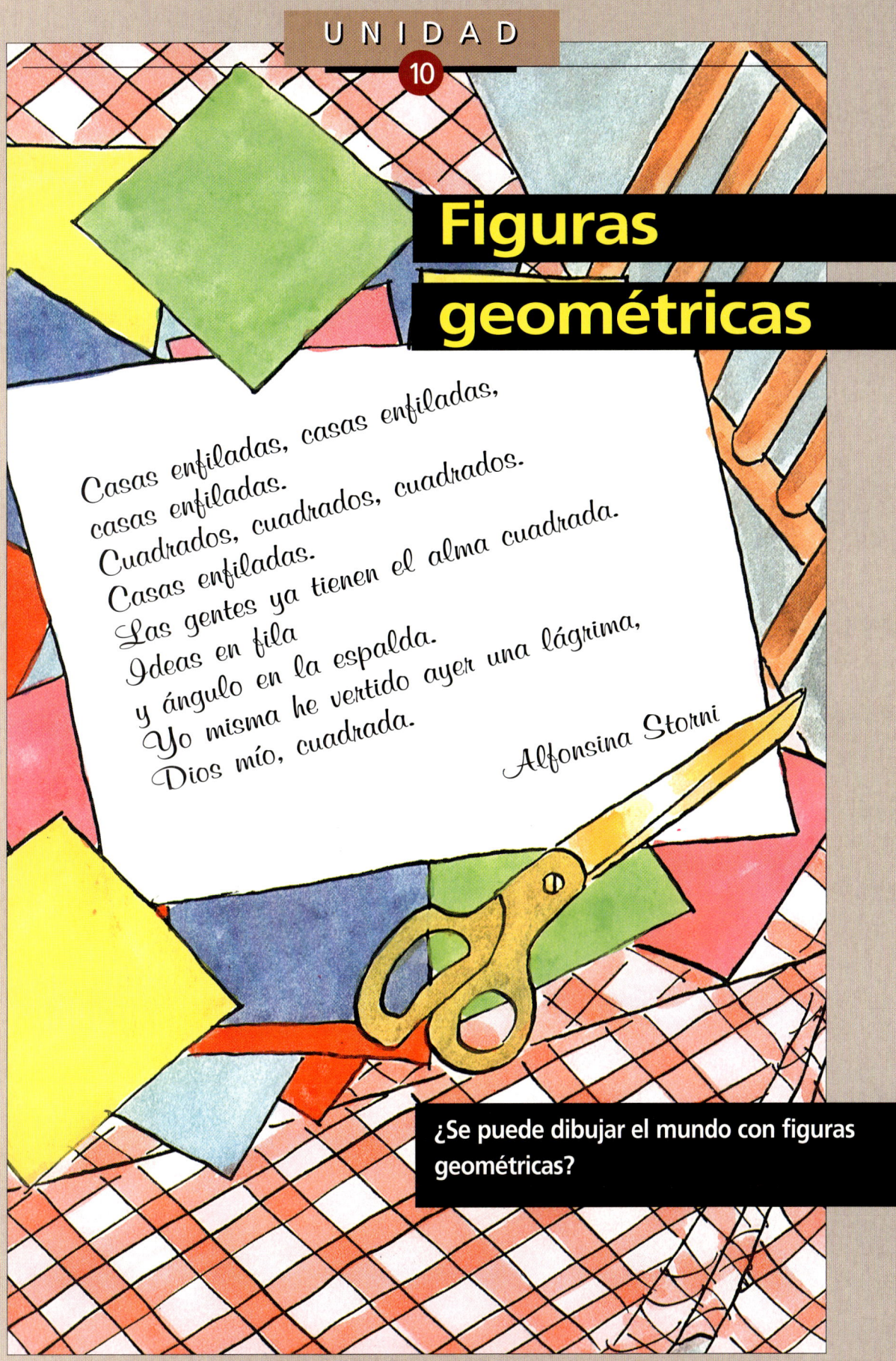

Figuras geométricas

Casas enfiladas, casas enfiladas,
casas enfiladas.
Cuadrados, cuadrados, cuadrados.
Casas enfiladas.
Las gentes ya tienen el alma cuadrada.
Ideas en fila
y ángulo en la espalda.
Yo misma he vertido ayer una lágrima,
Dios mío, cuadrada.

Alfonsina Storni

¿Se puede dibujar el mundo con figuras geométricas?

Con hilo y papel, una historia que vuela

Los barriletes tienen una larga y mágica historia que empieza hace muchísimo más de 2.000 años. En distintos pueblos asiáticos y en el antiguo Egipto, los barriletes formaban parte de ceremonias religiosas y sesiones de magia.

Aún hoy, en los países del Lejano Oriente se celebran grandes competencias; los barriletes que participan tienen diseños muy trabajados y están decorados con figuras de dragones, pájaros y peces. A muchos los equipan con silbatos y así, cuando el viento sopla, emiten bellas melodías, convirtiendo los barriletes en auténticas aves.

También se celebran luchas de barriletes en donde cada participante trata de derribar a los otros o de cortar sus hilos.

En la actualidad remontar barriletes es sólo un pasatiempo para los días de viento, pero no siempre fue así. Estos primeros aparatos voladores fueron usados para investigaciones científicas.

Benjamin Franklin experimentó con ellos para estudiar los relámpagos y el físico e inventor Alexander Graham Bell analizó su aerodinámica y llegó a construir uno en el que se podía transportar a una persona.

También se usaron para registrar la velocidad del viento, la temperatura y la humedad, e incluso, durante las guerras, ¡para espiar al enemigo!

Benjamín Franklin.

Para resolver con lo que sabés

El club del barrio *Las Flores* organizó para el día del niño un concurso de barriletes. Un grupo de amigos se reunió para construirlos. Comenzaron por la armazón de caña en la que luego se fijan los hilos y el papel.

El papá de uno de los chicos les entregó varillas de 80 y de 50 cm. Los chicos hicieron barriletes diferentes, usando las varillas como diagonales.

¿CUÁNTOS BARRILETES DIFERENTES SE PUEDEN OBTENER CON DOS VARILLAS CADA UNO?

● *Recortá tiras de papel de 5 cm y 8 cm. Imaginá que son las diagonales de un cuadrilátero; movélas, ubicálas de diferentes maneras y podrás contestar la pregunta de este amigo.*

En esta unidad vamos a avanzar en el estudio de los polígonos, sobre todo de los cuadriláteros. Intentaremos reconocer algunas de las propiedades que cumplen sus elementos.

Figuras, polígonos y familia

Seguramente ya trabajaste en años anteriores con los polígonos. Te recordamos que reciben este nombre las figuras planas que están limitadas por segmentos. Una manera de clasificarlos es tener en cuenta su número de lados, por lo cual reciben distintos nombres: triángulos, cuadriláteros, pentágonos, hexágonos, etcétera.

Los barriletes de otros chicos

Éstas son algunas soluciones planteadas por tres amigos para resolver el problema inicial.

- *Comparálas con la tuya*
- *¿Lograste alguna forma diferente? ¿Cuál?*

¿Cómo la lograste? ¿Y tus compañeros?

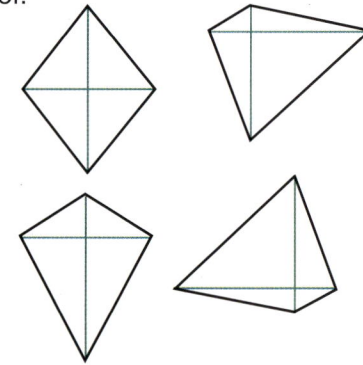

SI LAS ATO EN LA MITAD DE CADA UNA, ME QUEDA UN ROMBO, Y OTRA FIGURA PARECIDA A UN ROMBO PERO MÁS ALARGADA, SI CORRO LA MÁS CHICA HACIA LAS PUNTAS.

SI LAS MANTENGO PERPENDICULARES PERO SIN TENER EN CUENTA EL PUNTO MEDIO DE NINGUNA, ME QUEDAN UNAS FORMAS RARAS ¿VOLARÁN?

NACHO

Este amigo tomó dos varillas de distinta longitud. Las colocó en forma perpendicular y fue deslizando la menor sobre la mayor.

PAMELA

Usó dos varillas del mismo tamaño y las colocó de varias maneras.

FACUNDO

Tomó una varilla grande y otra chica y las puso de diferentes maneras pero siempre de forma oblicua.

- *Otra pregunta.*

- ¿Cuál de los chicos tiene razón? ¿Por qué?

Para refrescar la memoria

- ¿*Cómo continuarías la clasificación de polígonos que intenta hacer este amigo?*
- ¿*Qué tomó en cuenta para esa clasificación?*
- ¿*Recordás otra clasificación? ¿Cuál?*

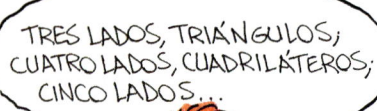

TRES LADOS, TRIÁNGULOS; CUATRO LADOS, CUADRILÁTEROS; CINCO LADOS...

UNO TIENE TODOS LOS LADOS Y LOS ÁNGULOS CONGRUENTES Y EL OTRO, NO.

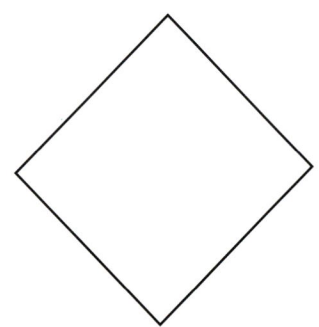

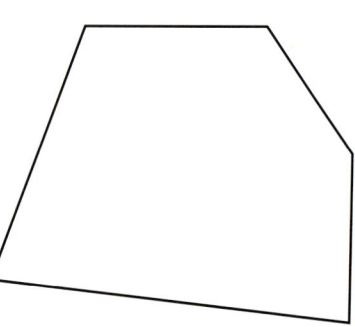

Otra clasificación para los polígonos es la siguiente.

- Cóncavos.

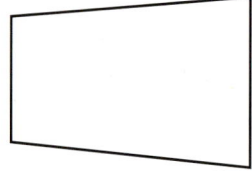

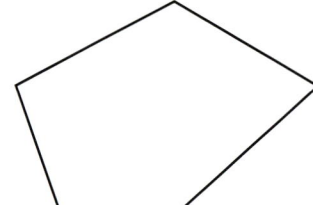

- Convexos.

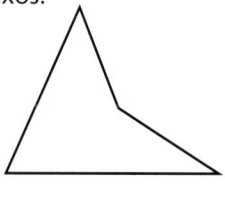

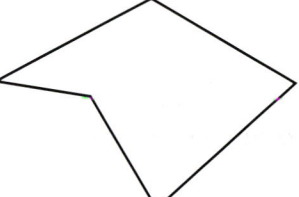

✐ Actividad

- *Teniendo en cuenta las figuras anteriores, respondé:*
- ¿Por qué son polígonos?
- ¿Cuántos lados tienen?
- ¿Cómo son sus ángulos?
- Compará los que tienen igual número de lados, ¿qué los diferencia?

Cuadriláteros

Ya sabés que los polígonos de cuatro lados se llaman cuadriláteros y los encontramos en muchos de los objetos que nos rodean.

Los cuadriláteros pueden clasificarse según las características de sus lados. A algunos los conocés por su nombre; a otros, quizás, sólo de vista. Te los presentamos.

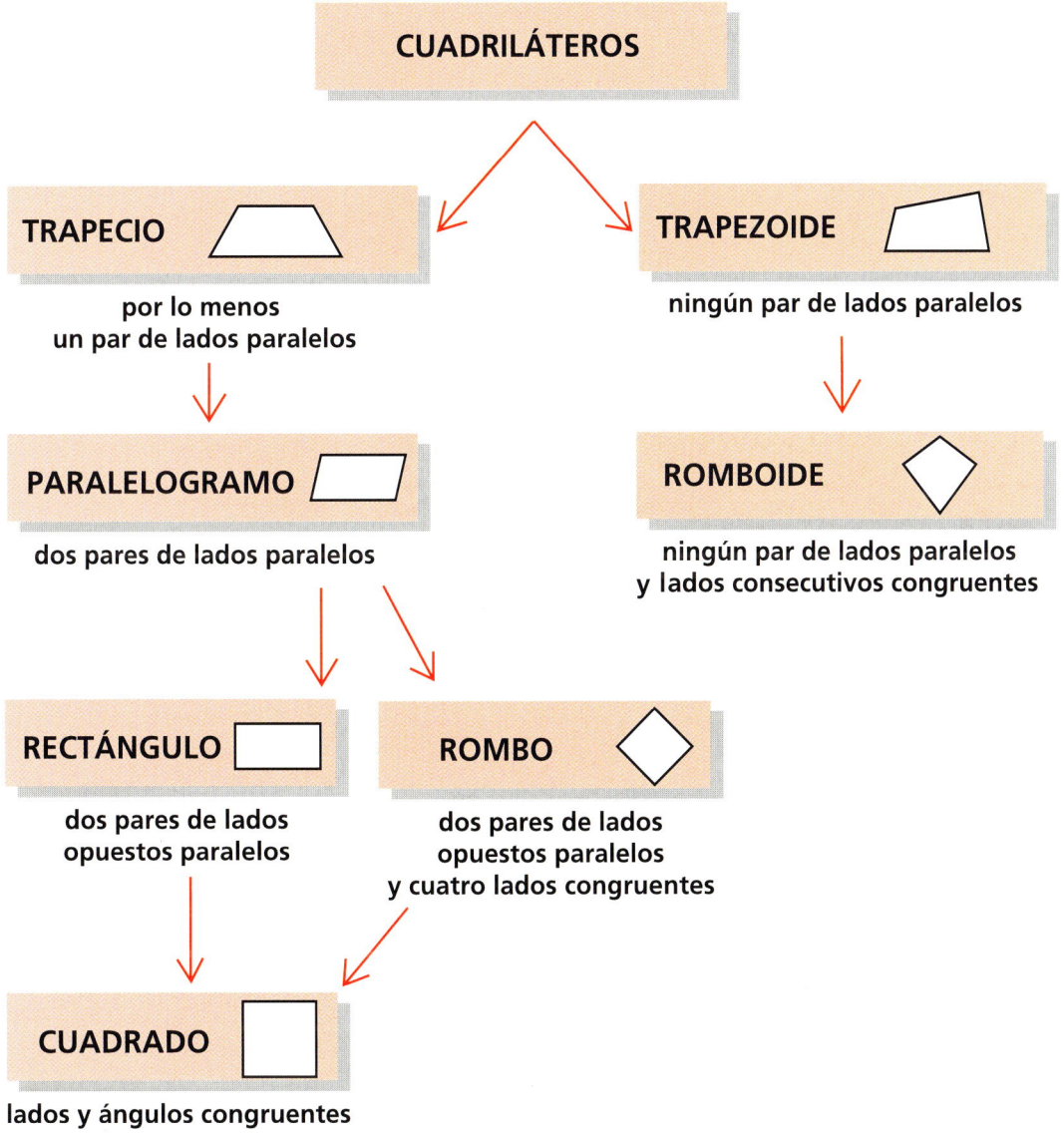

● *Ubicá en el cuadro los barriletes construidos por Nacho, Pamela y Facu.*

Volvamos a los barriletes

Pamela siguió probando con sus varillas y eligió estos tres barriletes para participar en la competencia.

- ● *¿Qué cuadriláteros son?*
- ● *¿En qué se diferencian? Compará sus lados y sus ángulos.*

Para estudiar la clasificación

¿Sabías que el cuadrado es un rombo? Es así, porque un rombo es un cuadrilátero que tiene sus lados congruentes. Como el cuadrado cumple con esta condición, entonces es un rombo.

En cambio no sucede lo mismo a la inversa, el rombo no es un cuadrado ya que para serlo, además de tener lados congruentes, debe tener ángulos congruentes.

Para resolver entre todos

Para entender un poco mejor las relaciones entre los cuadriláteros, reuníte con dos compañeros y respondé las siguientes preguntas.

Si necesitan ayuda, no duden en dibujar figuras.

- ¿Todos los paralelogramos son trapecios, o al revés?

- ¿Es cierto que los romboides son paralelogramos? ¿Por qué?

- Expliquen con sus palabras el siguiente esquema.

- ¿Se puede decir que los rectángulos son paralelogramos? ¿Por qué?

 *Actividad*

● *Respondé.*

- ¿Qué diferencias existen entre el cuadrado y el rectángulo?
- ¿Y entre el rectángulo y el paralelogramo?
- ¿Y entre el rombo y el cuadrado?

● *Colocá **sí** o **no** en las siguientes afirmaciones.*
Explicá cada una de tus respuestas.

- Todos los rectángulos son cuadrados.
- Todos los cuadrados son rectángulos.
- Todos los paralelogramos son rectángulos.

● *En qué cuadriláteros las diagonales:*

- son iguales;
- son perpendiculares;
- se cortan en sus puntos medios.

● *¿Existe algún cuadrilátero cuyas diagonales no cumplan ninguna de las tres condiciones anteriores? ¿Cuál?*

● *¿Existe alguno en que se cumpla más de una condición? ¿Cuál?*

● *Con ayuda del transportador, respondé qué cuadriláteros tienen:*

- los ángulos opuestos iguales;
- todos los ángulos iguales;
- todos los ángulos distintos;
- cuatro ángulos rectos.

Construcciones

Vamos a construir un cuadrado de 4 cm de lado, con escuadra y compás.
Prestá atención a los pasos a seguir.

a) Con la escuadra, dibujá un ángulo recto.

b) Con el compás, tomá la medida del lado (4 cm) y, con centro en el vértice del ángulo, transportála sobre cada uno de sus lados. Quedaron así determinados los puntos **a** y **c**.

c) Sin cambiar la medida, apoyá el compás en **a** y marcá un arco.

d) Hacé lo mismo apoyando en **c**. Al punto determinado por los dos arcos lo llamaremos **d**.

e) Trazá los segmentos **ad** y **cd**. ¡El cuadrado está listo!

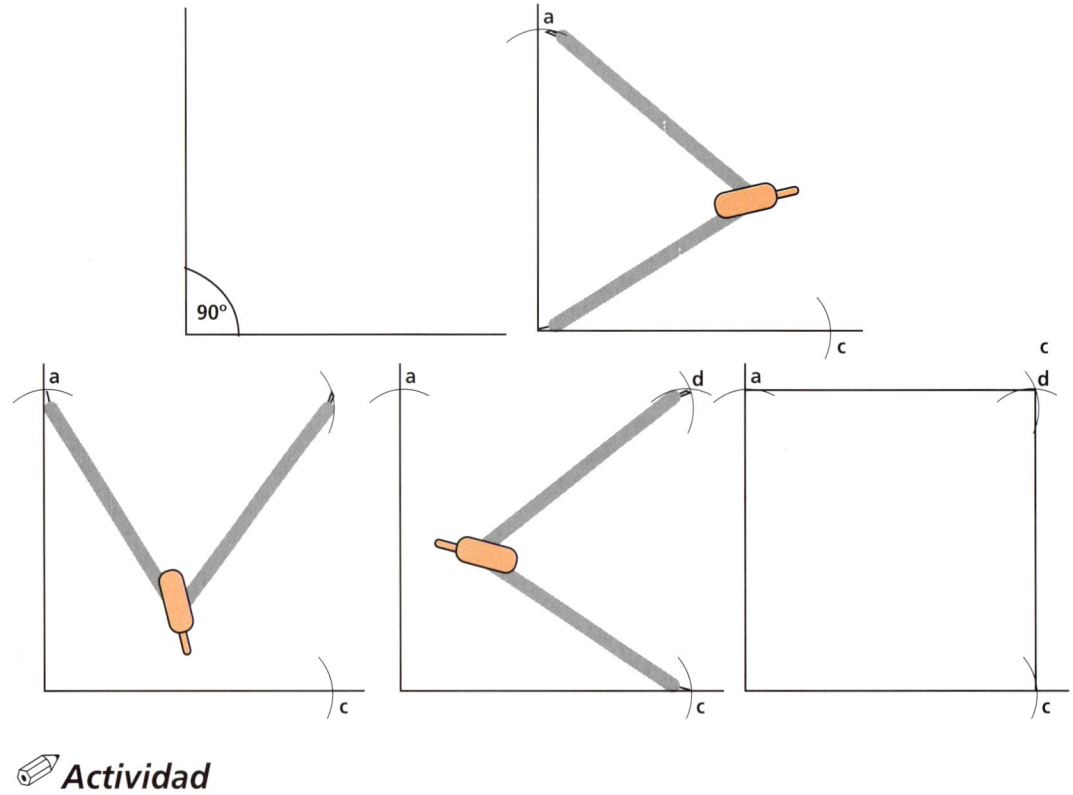

✏ Actividad

● *Con los mismos elementos, construí un rectángulo. Explicá tu procedimiento.*

Para construir un romboide, conocemos la medida de dos lados y el ángulo comprendido.

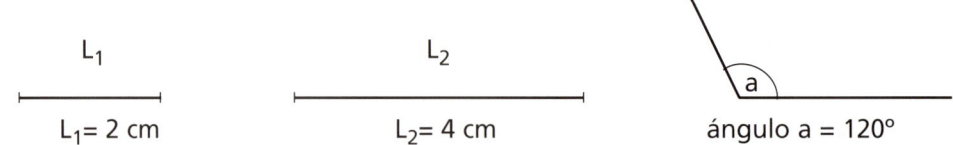

L₁   L₂   a

$L_1 = 2$ cm $L_2 = 4$ cm   ángulo a = 120°

1º) Dibujá el ángulo **a**.

2º) Transportá con el compás las medidas de L_1 y L_2 sobre los lados del ángulo. Quedan determinados los puntos **p** y **q**.

3º) Tomá con el compás la medida de L_1 y apoyálo en el punto **p**. Marcá un arco.

4º) Ahora tomá la medida de L_2, y apoyando en **q**, trazá un arco que corte al anterior en un punto que llamarás **r**.

5º) Uní **pr** y **qr**.

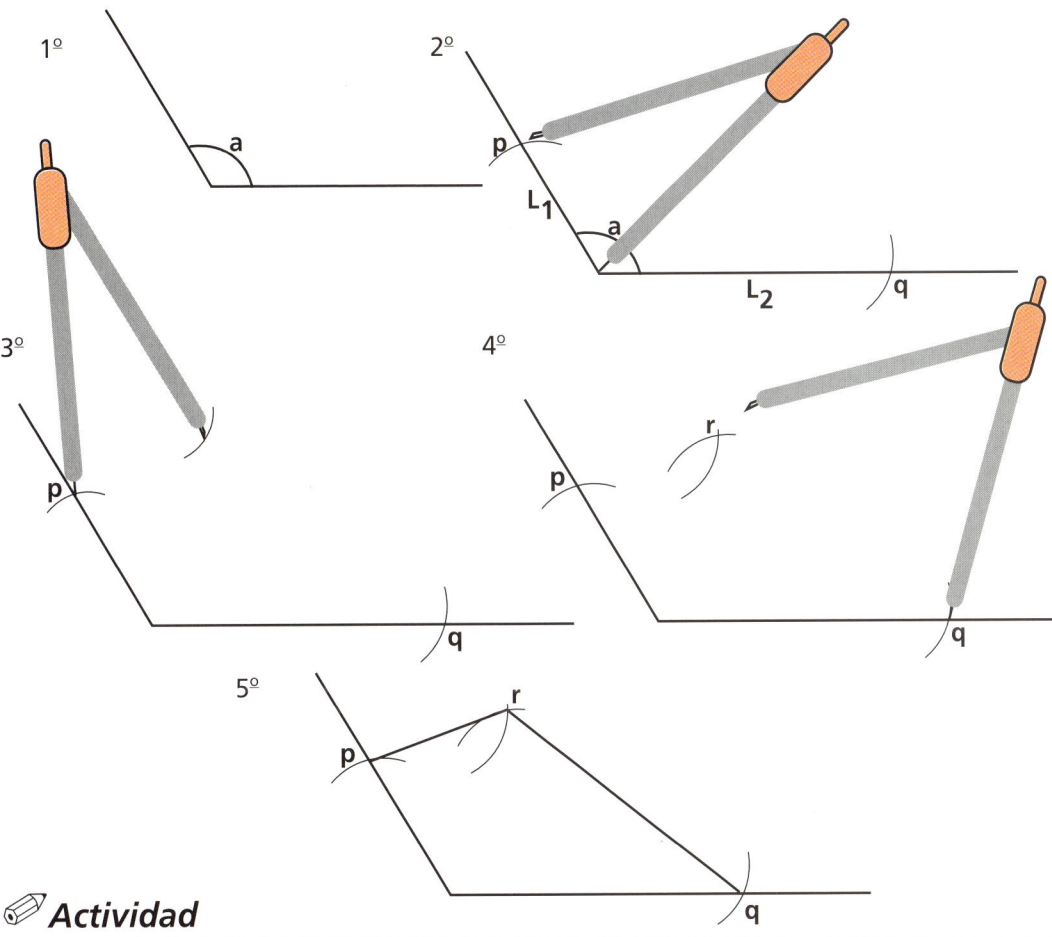

✏️ *Actividad*

Para contestar entre todos

● *¿Encontraste alguna dificultad en la construcción?*

● *¿Qué datos necesitarías para construir un rombo?*

¿Alcanza con un lado y un ángulo? ¿Por qué? Intentálo.

Desafío

● *Dibujá una circunferencia con el compás.*

● *Luego dibujá un cuadrado inscripto en la circunferencia, es decir, que sus vértices pertenezcan a la misma.*

Pista: pensá qué características tienen las diagonales de un cuadrado.

Perímetro

Facundo y Daniel quieren adornar sus barriletes colocándoles flecos alrededor. Comienzan a hacerlo con un barrilete cuadrado y con otro que tiene forma de rombo.

● *¿Es cierto lo que dice Facu? ¿Por qué?*

Recordando las características de los lados de estos cuadriláteros contesten la pregunta de Daniel.

En busca de la fórmula exacta

El perímetro es una longitud muy usada, no sólo en las clases de geometría sino en muchas situaciones de la vida cotidiana.

El perímetro de una figura es la suma de las longitudes de sus lados; por ejemplo el perímetro de los cuadriláteros es: $\ell + \ell + \ell + \ell$.

Sin embargo, si conocés las características de cada uno podés "armar una fórmula", y así abreviar la suma o tener en cuenta otros elementos (como las diagonales).

● *Reuníte con un compañero y piensen una fórmula para las siguientes figuras.*
Va como ayuda la primera.

ℓ = lado.

$\ell + \ell + \ell + \ell = \ell \times 4$

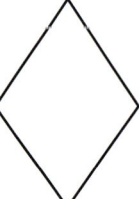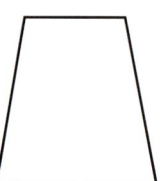

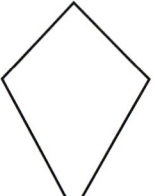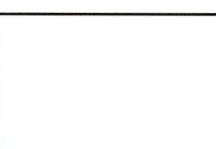

Para pensar

Daniel afirma que la fórmula para el rectángulo, el romboide y el paralelogramo es $L_1 \times 2 + L_2 \times 2$. Facu le dice que la suya es mejor: $2 \times (L_1 + L_2)$.

● ¿Con cuál de estos amigos estás de acuerdo? ¿Por qué?

✐ *Actividad*

● *Completá las siguientes tablas.*

Rombo	
Lado	Perímetro
2,5	....
9	....
....	48
....	84

Paralelogramo		
L1	L2	Perímetro
4	8	....
1,5	7,5	....
...	3	14
...	...	28

● *Más barriletes para adornar.*

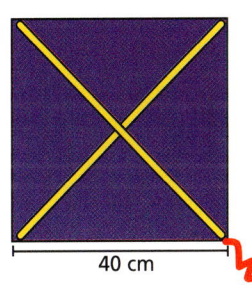

40 cm

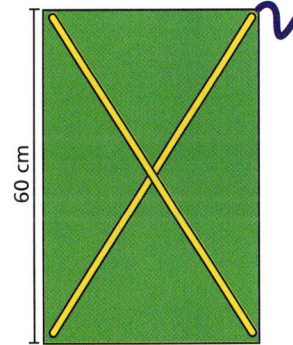

60 cm

50 cm

- Hacé una aproximación de los perímetros de cada figura e indicá cuál suponés que es su orden, de mayor a menor.

- Calculá el perímetro de cada una. ¿Fue correcta tu estimación?

● *¿Cuál será el perímetro del heptágono* **abcdefg***?*

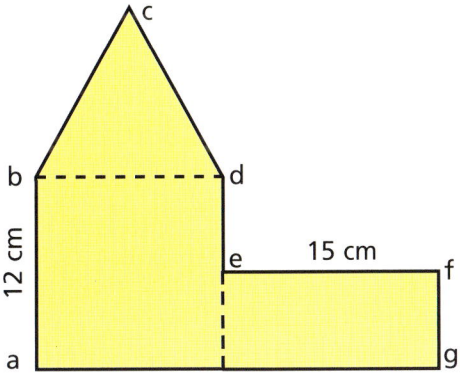

$\triangle$ bcd= equilátero

$\overline{de} = \overline{fg} = \dfrac{1}{2}\,\overline{ab}$

Para resolver con lo que aprendiste

● *Marcá los siguientes puntos.*
(b;3), (d;7), (f;3), (d;1). *Unílos.*

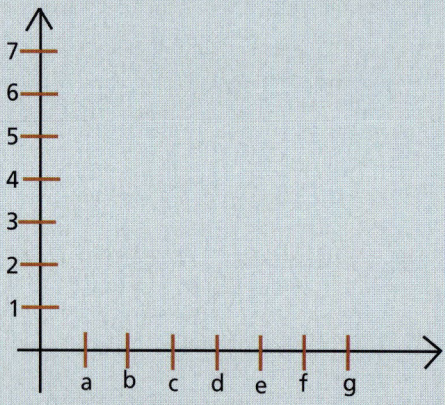

- ¿Qué figura se formó? Clasificálo y nombrá sus elementos.
- ¿Cuál es la longitud de las diagonales?
- Construí una figura congruente a la dada.
- En otro eje ubicá un cuadrilátero y dictále a tu compañero los pares para ver si puede formarlo.

● *Doblá un papel glasé por la mitad y recortá un cuadrilátero, sin tocar los bordes.*
- Desplegá el papel ¿Cómo son las figuras?

● *Completá este barrilete construyendo (con regla y compás) en la parte superior un rectángulo y en la inferior, un cuadrado.*

- El perímetro del barrilete, ¿es igual a la suma de los perímetros de cada figura? ¿Por qué?

● *Descubrí los 6 cuadrados diferentes que pueden formarse usando como vértices cuatro de los siguientes puntos.*

```
•    •    •

•    •    •

•    •    •
```

- Si la distancia entre dos puntos cualquiera es de 3 cm, ¿cuál es el perímetro de cada uno de los cuadrados?

● ¿De qué polígonos se trata?

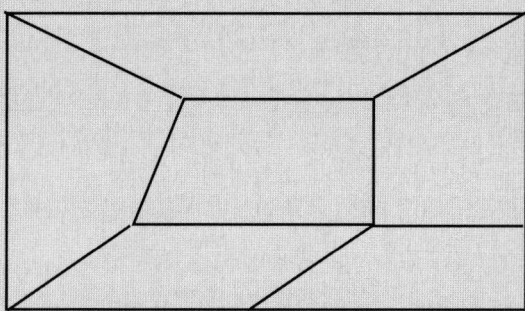

Luego de identificar las figuras, pintá el dibujo con los colores rojo, azul y verde. Pero, debés cumplir las siguientes condiciones:

- cada figura con un solo color;
- ninguna figura puede quedar al lado de otra del mismo color.

Existe más de una posibilidad. Encuentren por lo menos dos.

● *Un ejercicio al revés.*

Con un cuadrado de papel podemos obtener, mediante dobleces, un hexágono regular.

Las líneas te indican los dobleces.

- Indicá los pasos que se siguieron.

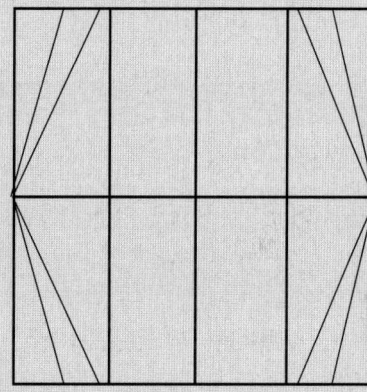

● *Plegá un cuadrado en mitades, 4 veces seguidas, y estimá:*

- la cantidad de cuadrados que se forman;
- qué fracción del lado del papel corrresponde a cada cuadradito.

● *Con un sólo corte, ¿cómo convertirías a un cuadrado en un triángulo rectángulo?*

● *Plegá un papel rectangular dos veces, una horizontal y otra vertical.*

- ¿Qué corte realizarías para obtener un rombo?

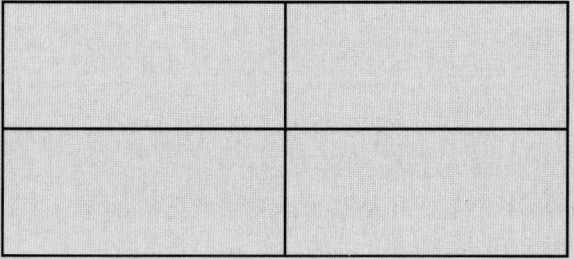

Para comprobar lo que aprendiste

Entusiasmados con los cuadriláteros y las construciones, Facu y sus amigos deciden armar un geoplano para seguir jugando. Vos también podés hacerlo, siguiendo estos pasos.

Materiales necesarios
- Una tabla de madera o un cartón grueso de 25 cm de lado y 2 cm de espesor.
- 5 clavos.
- Banditas elásticas.
- Regla, lápiz y martillo.

Construcción

a) Con lápiz y regla, dividí el tablero en cuadrados de 5 cm de lado.

b) Trazá las diagonales de cada cuadradito.

c) En el lugar donde se cortan las diagonales (centro del cuadrado) clavá los clavos, dejando que sobresalgan aproximadamente 1 cm.

d) Ya está listo tu geoplano. Ahora, con las bandas elásticas, ¡jugá armando figuras!

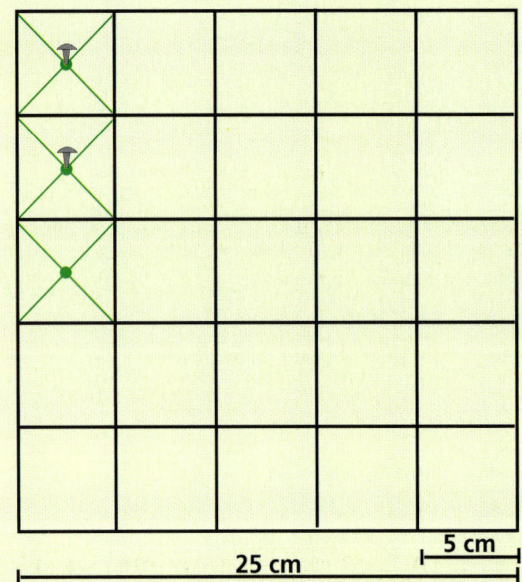

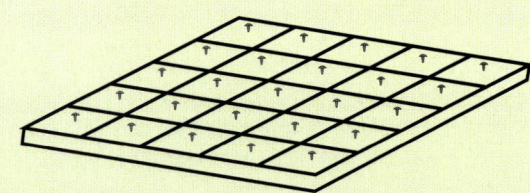

Geoplano armado

25 cm 5 cm

Tu creatividad puesta en juego
- Formá en el geoplano diferentes dibujos y guardas.
- Hacé un paisaje con cuadriláteros cóncavos y convexos.

Con 4 banditas
- Formá 4 triángulos rectángulos cuyos catetos sean iguales.
Tratá de armar con ellos un paralelogramo.

Adivinanzas cuadriláteras

- Armá en tu geoplano estos cuadriláteros.

Un trapezoide no es, pero sí es un cuadrilátero sin lados paralelos.

Es un trapecio. No todos sus lados son iguales, pero sí lo son sus ángulos.

Cuadrilátero que tiene un par de lados paralelos desiguales, y los lados no paralelos, iguales.

Pensá una adivinanza y escribíla para que tu compañero arme la figura.
¿Llegó al resultado esperado?

Dictado de figuras

- Construí en tu geoplano un cuadrilátero.
- Dictále a tu compañero, sin que vea tu figura, las indicaciones necesarias para que pueda armarlo con las mismas medidas y en el mismo lugar del geoplano.
- ¿Lo logró? ¿Por qué?
- Cambien los roles.
- ¿Cómo le dictarías esta figura?

Con banditas elásticas construí cuadriláteros diferentes cuyos perímetros sean equivalentes

- Después, completá este cuadro.

NOMBRE	LONGITUD DE LOS LADOS	PERÍMETRO	CUADRADOS QUE OCUPA

Medición de superficies planas

¿Con baldosas de cualquier forma
puedo cubrir una superficie?
¿Por qué?

Historia con mosaicos

"El universo se ofrece continuamente a nuestra mirada, pero no puede ser comprendido si primero no aprendemos a comprender el lenguaje y a interpretar los caracteres con los que está escrito. Está escrito en el lenguaje de la matemática, y sus caracteres son... figuras geométricas, sin las cuales resulta humanamente imposible comprender una sola palabra de él; sin ellas, sólo podemos vagar erráticamente a través de un oscuro laberinto."

Galileo Galilei

Las palabras de Galileo suenan un poco exageradas. Sin embargo, al observar a nuestro alrededor nos encontramos con un mundo que podemos representar en su totalidad a través de nociones geométricas.

Por otra parte, resulta interesante descubrir los puntos de contacto entre la geometría y el arte. Desde los dibujos primitivos de algunas cavernas hasta el realismo extremo de los pintores renacentistas, hay en la pintura elementos de la matemática.

Este tipo de embaldosados, que recubren la superficie sin dejar ningún espacio libre, se conocen también con el nombre de teselados.

Las celdas de un panal de abejas, de forma hexagonal, son un ejemplo de la geometría en la naturaleza.

Si tratamos de hallar baldosas especiales, podremos cambiar un rectángulo.

1°) Se modifica uno de los lados, en este caso uno de los de mayor longitud.

2°) Se traslada este cambio al otro lado congruente.

3°) Se puede modificar también el par de lados menores.

4°) Con la figura que resulta, se tesela el plano.

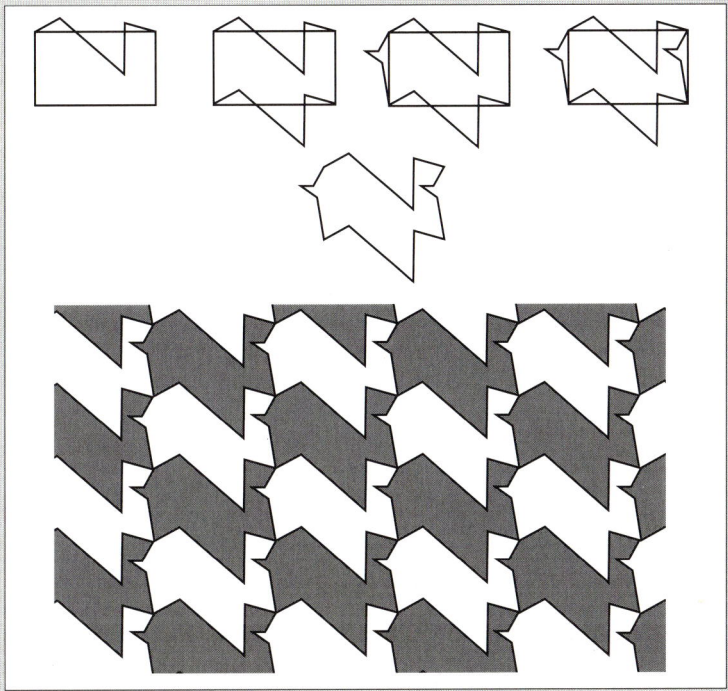

• Si se respeta la figura lograda, ¿cómo será el borde de la superficie embaldosada?

Para resolver con lo que sabés

Un grupo de amigos está armando la maqueta de una casa, que cuenta con dos patios. Los chicos decidieron embaldosarlos.

Para esta tarea cuentan con los siguientes tipos de baldosas.

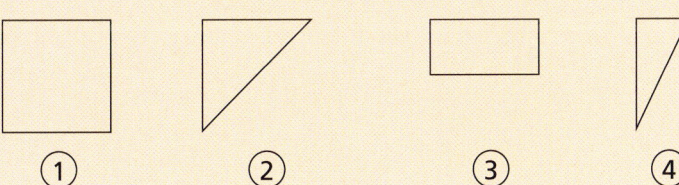

163

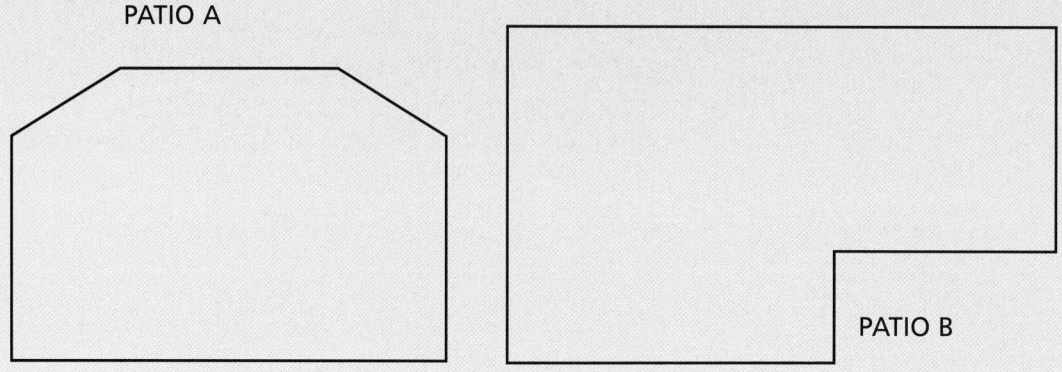

PATIO A

PATIO B

• Si usán un tipo de baldosas cada vez, ¿qué cantidad necesitan en cada caso para embaldosar cada patio?

• Registrá los valores obtenidos en un cuadro.

	PATIO A	PATIO B
BALDOSA 1		
BALDOSA 2		
BALDOSA 3		
BALDOSA 4		

Otras preguntas

• ¿De qué tipo de baldosas necesitan más? ¿Por qué?

• ¿Con qué tipo de baldosa fue más fácil medir? ¿Y más difícil? ¿Por qué?

• ¿Qué relación hay entre el tamaño de las baldosas y la cantidad necesaria para cubrir cada patio?

• ¿Con alguna de las baldosas pueden medir el resto? ¿Por qué?

• ¿Todas las piezas entran un número exacto de veces?

Midiendo el lugar que ocupa

Las distancias entre ciudades, la altura de una planta, son longitudes que se miden con unidades como metro, kilómetro o centímetro.

Pero cuando querés comprar madera para poner en un piso o papel para cubrir una pared, no alcanza con saber el largo o el alto de la habitación. Necesitás conocer su superficie, ya sea la del piso o la de la pared.

Resoluciones de algunos amigos

Prestá atención a los procedimientos usados por estos amigos.

- *¿Se parecen al tuyo? ¿Y a los de tus compañeros?*
- *¿Cuál te parece mejor? ¿Por qué?*
- *¿Cuál te permite contestar las preguntas que figuran a continuación del cuadro de la página anterior? ¿Por qué?*

MARÍA

Apenas vio el trabajo no dudó y se puso a fabricar baldosas iguales en cartulina.
Con ellas fue embaldosando cada patio.

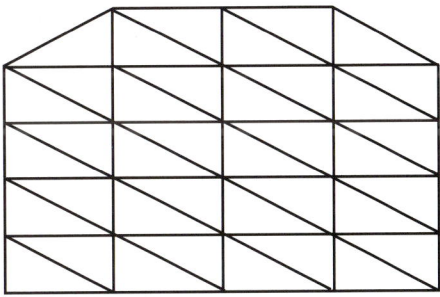

NORBY

Decidió "cuadricular" tanto los patios como las baldosas.

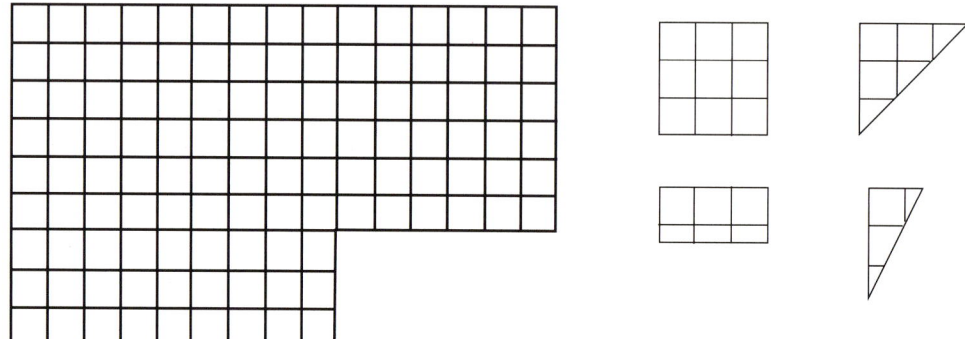

Esto le facilitó el trabajo con respecto al cuadrado y el rectángulo, pero no así con las baldosas triangulares.

OSCAR

Observó las baldosas y descubrió que sus tamaños guardaban cierta relación.

Por ejemplo,

1 cuadrado = 2 rectángulos

1 rectángulo = 2 triángulos chicos = 1 triángulo grande

4 triángulos chicos = 1 cuadrado

Un poco de historia

Desde tiempos remotos los agricultores tuvieron necesidad de medir sus campos para distribuir los sembrados. Para ello, calculaban la medida de la superficie que éstos ocupaban, lo que se conoce como **área**.

Una de las primeras unidades de medida que usaron fue *un puñado de semillas*. Entonces, aquel terreno en el que se podían colocar más puñados era mayor, y por lo tanto valía más.

✏ *Actividad*

Para pensar

● *¿Qué dificultades te parece que tenía este método de medición?*

Más tarde, los seres humanos se valieron de las huellas de sus manos y sus pies para medir superficies no muy extensas.

● *Apoyá sobre un papel tu mano (con los dedos juntos). Dibujá el contorno y recortálo. Hacé lo mismo con tu pie.*

● *Usando esas huellas como unidad, completá una tabla como la siguiente.*

UNIDAD DE MEDIDA	OBJETO A MEDIR	MEDIDA DE LA SUPERFICIE
huella de la mano	pupitre	
huella del pie	pupitre	
huella de la mano	cuaderno	
huella del pie	cuaderno	

● *¿Pudiste medir las superficies con precisión? ¿Por qué?*

Los griegos usaron *el pie cuadrado* como unidad para medir superficies. Era un cuadrado cuyos lados medían la longitud de un pie.

Como esta unidad resultaba muy pequeña para medir campos, crearon el *plethron*, que era igual a 10.000 pies cuadrados, es decir, un cuadrado de 100 pies de lado.

✐ *Actividad*

● *¿Tu carpeta es mayor o menor que un pie cuadrado? ¿Por qué?*

● *¿Qué pasaría si queremos comparar superficies con esta unidad de medida?*

¿Tiene alguna ventaja con respecto a las huellas?

● *¿Qué unidad propondrías para evitar complicaciones?*

Después de la historia

Aunque no uses semillas, huellas ni *plethrons*, también medís superficies cotidianamente, por ejemplo:

- al decir que el patio de la escuela es más grande que la dirección;
- al calcular cuánto papel necesitás para forrar un libro;
- al asegurar que en el pizarrón podés pegar cuatro láminas pero no seis;
- cuando al mirar un mapa de tu país decís qué provincia es la más pequeña;
- al comparar el tamaño de dos alfombras...

● *Seguí la lista.*

Comparamos áreas

Es una fría tarde de lluvia. Dentro de la casa, un grupo de amigos decide pasar el tiempo armando rompecabezas mientras toman leche chocolatada.

APURÁTE... YA ARMÉ UNA SUPERFICIE MAYOR.

¡ME PARECE QUE VOS SOS EL QUE SE TIENE QUE APURAR!

● *¿Cuál de estos amigos tiene razón? ¿Por qué?*

Cuando dos figuras tienen la misma superficie se las llama equivalentes.

✐ Actividad

Dos amigas, Ana y Bea, armaron estos motivos con sus fichas.

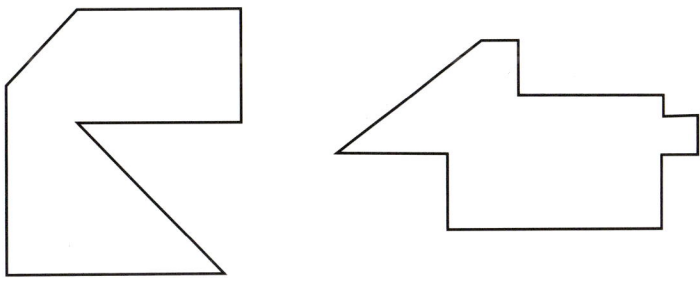

- ¿Cuál amiga cubrió mayor superficie?
- *¿Tuviste dificultades para compararlas? ¿Por qué?*

Pintá del mismo color las figuras equivalentes.

- *¿Cuál fue la unidad de medida que usaste para medir estas superficies?*

Área y perímetro

En ocasiones, vas a necesitar calcular el perímetro y en otras, la superficie. Si el objeto a medir es alguna figura geométrica plana, el perímetro se refiere a la medida del borde en tanto que la superficie tiene en cuenta también lo que este borde contiene.

- *Tomando como base lo que ya conocés, indicá si es verdadera o falsa cada una de las siguientes afirmaciones. Explicá tu respuesta.*
- *Al terminar, compará tu trabajo con el de otro compañero.*

1) Dos figuras con la misma superficie tienen siempre el mismo perímetro.

2) En distintas figuras, si la medida del perímetro aumenta, también aumenta la medida de su superficie.

3) Si dos figuras tienen igual perímetro, también tienen igual superficie.

✏ *Actividad*

- *Plegá 2 papeles glasé de manera tal que obtengas 8 cuadraditos iguales. Recortálos.*
- *Armá con ellos diferentes figuras sobre tu hoja y compará la relación entre sus perímetros y superficies.*
- *Recortá una esquina de un papel glasé y pegá ese triángulo sobre el borde superior.*
- *Calculá el perímetro y la superficie del papel glasé sin el recorte y luego de haber formado la nueva figura.*
- *¿Se modificaron estas medidas? ¿Por qué?*

Estimamos áreas

¡Baile de disfraces!

Los chicos organizan un baile, pero... para participar hay que ir disfrazado.

Paula está muy entusiasmada con la idea. Su hermana mayor prometió confeccionarle un traje, pero deben comprar las telas.

Paula gastó parte de sus ahorros en la tela para el vestido.

● *Ayudála a elegir los accesorios que necesiten
menos cantidad de tela.*

> **Estimar superficies es de mucha utilidad, ya que a menudo no contamos
> con los instrumentos para calcularlas con exactitud.**

Para calcular a ojo

La hermana de Paula se ofreció para coser pañuelos de vaqueros y máscaras.

● *Si éste es el molde de los pañuelos, ¿qué cantidad podrá obtener con estos retazos de tela?*

Molde

● *Ahora, las máscaras.*

Molde

Éstos son los retazos de tela que compró en una oferta.

● *¿Cuántas máscaras podrá obtener?*
● *¿Le sobrará tela? ¿Cuánto? ¿De cuál de los retazos?*

Para resolver con lo que aprendiste

A estimar

• *Tomá como unidad de medida una hoja doble de diario y estimá cuántas necesitarías para cubrir los siguientes objetos.*

- tu pupitre	5	10	1
- el pizarrón	3	20	30
- una pared de tu aula	75	150	200
- una ventana del aula	10	2	15
- la tapa de tu carpeta	1	$\frac{1}{2}$	$\frac{3}{4}$

• *Tejidos en poco tiempo*

Éste es el motivo que una revista regaló a sus lectoras para confeccionar un pulóver para un nene pequeño.

- Sin contar los cuadraditos, colocá verdadero o falso.

Hay más color verde que negro.

La nube mayor ocupa la misma superficie que la locomotora.

Los pájaros ocupan menos superficie que la nube chiquita.

Hay menos cantidad de amarillo en el árbol que en los vagones

- Ahora contá los cuadraditos y comprobá si tus estimaciones fueron correctas.

Con palillos

1. Con 18 escarbadientes armá una estrella de seis puntas cuya superficie sea igual a 6 triangulitos, y su perímetro sea de 12 palillos.

2. Con 3 escarbadientes armá un triángulo equilátero.
Armá otro triángulo equilátero cuya superficie contenga 9 veces a ese triangulito.

3. Ahora con 6 palillos armá un hexágono de 6 triangulitos de superficie.

Con papel cuadriculado

En una hoja de papel cuadriculado dibujá un rectángulo cuyos lados midan 8 y 2 cuadraditos de lado.

- ¿Cuál es su área?
- ¿Cuánto aumentaría la medida de su superficie si aumentás cada lado al doble?
- ¿Qué pasaría con esa medida si, en cambio, los reducís a la mitad?

¿Dónde vive el Demonio de Tasmania?

¡En Tasmania, por supuesto!

Tasmania es una isla muy pequeña que se encuentra en el continente llamado Oceanía.

Fue descubierta en 1642 por el holandés Abel Tasman, de cuyo apellido surgió su nombre.

En Oceanía viven animales que no se encuentran en el resto del planeta, como los marsupiales (los que tienen una bolsa para criar a sus hijitos), de los cuales el más conocido es el canguro.

El Demonio de Tasmania, un marsupial carnívoro del tamaño de un perro mediano, existe... aunque no es tan terrible como el que atemoriza al pato Lucas.

En Tasmania, $\frac{1}{3}$ de su superficie está compuesta por parques naturales.

En el siguiente gráfico se compara su superficie con Australia.

- *Cuadriculá el mapa de manera que puedas estimar cuántas veces contiene la isla mayor al pequeño hogar del Demonio.*

Uno de ingenio

Imaginá que sos el dueño de un pequeño terreno y querés dividirlo con un alambrado en dos partes iguales.

En una de esas partes deben quedar juntos todos los árboles y en la otra, el pasto.

Si el alambrado debe seguir el cuadriculado, ¿cómo lo harías?

● *¿Qué superficie tiene cada parte? ¿Qué perímetro?*

Para jugar y adornarse

1) En una hoja de carpeta dibujá un rectángulo de 10 cm de ancho y 12 renglones de largo.

2) Pintá cada renglón con un color distinto.

3) Doblá el papel a lo largo, teniendo cuidado de que los renglones de una mitad coincidan con los de la otra.

4) Cortá siguiendo las líneas del primero y del último renglón, hasta 1 cm antes de la orilla del papel.

5) Cortá a lo largo de los otros renglones, también hasta 1 cm antes del borde, pero en forma alternada: un corte parte del borde doblado y el otro, del lado abierto.

6) Comenzando por la línea del primer renglón, cortá por el borde doblado hasta llegar a la línea del último.

7) Estirá el papel con mucho cuidado y una guirnalda-collar multicolor habrá quedado formada. (*)

¡A ponérsela en el cuello!

● *El papel rectangular pasó a tener forma de zigzag. ¿Cambió su superficie? ¿Por qué?*

(*) Actividad adaptada del libro *Matemáticas para niños y jóvenes* de Van Cleave, Limusa Noriega Editores, España, 1997.

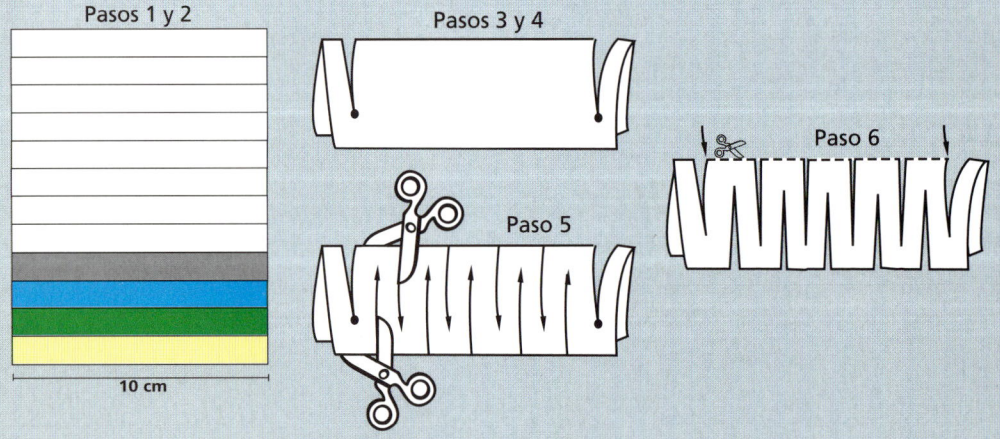

Pasos 1 y 2   Pasos 3 y 4   Paso 6   Paso 5   10 cm

Para comprobar lo que aprendiste

¡Llegaron los pentominos!

Los pentominos, creados en 1953 por un profesor de matemática norteamericano llamado Solomon Golomb, son 12 fichas formadas por cinco cuadraditos iguales que comparten un lado.

Son muchos los desafíos y entretenimientos que pueden hacerse con ellos.

Te proponemos algunos.

• *¿Qué unidad de superficie te parece más adecuada para medir el área de los pentominos? ¿Por qué?*

• *Construí, usando todas las fichas, rectángulos cuyos lados midan:*

      10 x 6 cuadritos

      12 x 5 cuadritos

      20 x 3 cuadritos

¡Hay más de una solución!

- ¿Cuál es la superficie de cada figura, si considerás cada cuadrito como unidad de medida?

- ¿Y su perímetro?

• *Andrés dice que con 5 pentominos pudo armar un cuadrado cuya superficie es igual al quíntuple de la cantidad de fichas usadas.*

- Descubrí qué fichas usó.

• *Paula armó este modelo*

- Usando dos pentominos diferentes armá una figura congruente con la de Paula.
- ¿Son equivalentes?
- Dejá a un lado los pentominos que usaste y los que usó Paula. Con los ocho restantes armá una figura que tenga la misma forma pero de superficie mayor.
- ¿Cuántas veces cabe la figura de Paula en la figura formada por ocho fichas?

• *Usando un número par de pentominos armá figuras con la misma superficie y diferente perímetro.*

- ¿Podés armar algunas figuras con igual superficie pero diferente forma?
- ¿Y otras que tengan igual superficie pero perímetro menor?

• *Para jugar de a dos.*

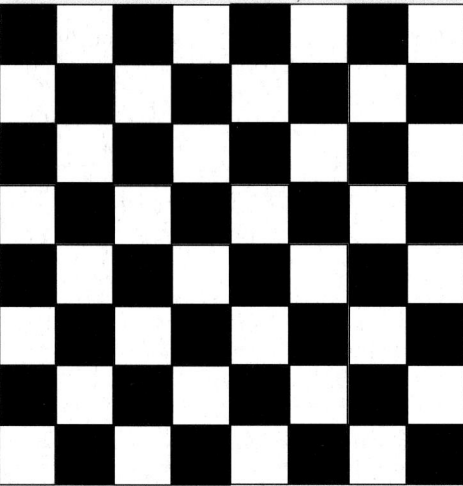

- Repartir los pentominos entre los jugadores, en partes iguales.
- Por turno, cada jugador coloca un pentomino sobre el tablero de ajedrez, haciendo coincidir los cuadritos. Al colocar cada ficha, no vale superponerla con un pentomino puesto anteriormente.
- Cada jugador debe ubicar su ficha tratando de que su adversario no pueda colocar ninguna más. Cuando esto sucede, gana quien logró cubrir mayor superficie del tablero.

Proporcionalidad

En la Tierra un cuerpo que pesa 30 kg, en la Luna pesa sólo 5 kg.
¿Cuánto pesará una vaca de 430 kg en la Luna?

¿Todo cae?

A nadie sorprende ver caer un objeto a nuestros pies, pero ¿siempre pasa esto? ¿Por qué?

En el siglo XVII un científico inglés, Isaac Newton, llegó a la respuesta. Este gran físico descubrió (entre otras cosas) que todos los cuerpos son atraídos hacia el centro de la Tierra; este fenómeno se conoce con el nombre de **atracción gravitatoria**.

Nada escapa a los efectos de esta fuerza. Tal es así que ni siquiera nuestro único satélite natural, la Luna, se libra de ella. Esto sucede porque la atracción actúa aun cuando los cuerpos no estén en contacto. Además, no sólo actúa sobre cuerpos, sino sobre otras cosas que cuesta imaginar, por ejemplo los rayos de luz.

Si pensamos en la *medida* de esta fuerza, debemos tener en cuenta que todo cuerpo ejerce una atracción hacia otro, en relación con la distancia que los separa y con su propia masa.

También la Luna atrae a los objetos que se encuentran cerca de su superficie, aunque con una fuerza menor. En la Luna, las cosas pesan 6 veces menos que en la Tierra. Éste es el motivo por el cual los astronautas caminan dando pequeños saltos a pesar de los pesados equipos que trasladan.

Isaac Newton.

La Luna, satélite natural de la Tierra.

Para resolver con lo que sabés

A un grupo de amigos les interesó tanto el tema de la gravedad y las diferencias de peso entre nuestro planeta y su satélite natural, que organizaron esta tabla para comparar el peso de cada uno en la Tierra y el que tendrían si estuvieran en la Luna.

● *Completá los datos que faltan.*

● *Explicá los procedimientos que usás en cada caso.*

Amigo	Luna	Tierra
Luciana	...... kg	24 kg
Marcelo	8 kg	...... kg
Juanjo	...... kg	54 kg
Viviana	7 kg	...... kg
Agustín	...... kg	30 kg
Anita	$4\frac{1}{2}$ kg	...... kg

Algunas preguntas más

Gustavo pesa 39 kilos en la Tierra. Su perro Cachilo pesaría en la Luna 2 kilos.
● *¿Cuánto pesan los dos juntos en la Tierra? ¿Y en la Luna?*
● *Averiguá cuál es tu peso en la Luna.*
● *En un planeta de mayor tamaño, como Júpiter, ¿la gravedad será mayor o menor que en la Tierra? ¿Por qué te parece que es así?*

En esta unidad estudiaremos cómo se relacionan las cantidades para reconocer en qué casos estamos ante una proporcionalidad.
También trabajaremos con distintas maneras de representar estas relaciones en tablas y gráficos.

Proporcionalidad, ¿tema nuevo?

Quizás éste sea el primer año que escuchás hablar de *proporcionalidad* en las clases de matemática. Pero, en realidad, vos ya usás estas nociones en más de una situación.

- Cuando ves una foto de tu ídolo preferido, sabés que no es así de chiquito; que es proporcionalmente más grande.

- Si en el supermercado, dos paquetes de yerba cuestan $ 3, podés decir cuánto cuesta un sólo paquete y cuánto cuestan 4.

- Al hacer un plano del aula, seguramente tuviste en cuenta ciertas relaciones de medida entre los objetos, para dar una idea real de su tamaño y ubicación.

En estas situaciones, entre las cantidades que se relacionan está presente la proporcionalidad.

Resoluciones de algunos amigos

Te presentamos algunos de los procedimientos empleados por otros amigos en la resolución de la tarea.

- *¿Coincide lo que vos hiciste con alguno de los presentados? ¿Con cuál?*
- *¿Pusiste en práctica otras ideas? ¿Cuáles?*

LUDMILA
Completá la tabla de esta manera.

AMIGO	LUNA	TIERRA
Luciana	24: 6 = 4	24
Marcelo	8	8 x 6 = 48
Juanjo	54: 6 = 9	54
Viviana	7	7 x 6 = 42
Agustín	30: 6 = 5	30
Anita	$4\frac{1}{2}$	$4 \times 6 = 24$ $\frac{1}{2} \times 6 \frac{6}{2} = 3$ $24 + 3 = 27$

SI EN LA LUNA TODO PESA 6 VECES MENOS QUE ACÁ, ENTONCES 1 Kg LUNAR = 6 kg TERRESTRES Y 1 kg TERRESTRE = 1 : 6 Kg LUNAR. TODO ES CUESTIÓN DE MULTIPLICAR O DIVIDIR POR 6.

ALDO

Trabajó con la información de la tabla. Su procedimiento se basaba en considerar que a doble peso en la Luna, le corresponde doble peso en la Tierra. Entonces armó la siguiente tabla, que luego usó para completar la otra.

DALMA

Se detuvo en la información que tenía: 1 kg lunar equivale a 6 kg terrestres.

Entonces recordó lo que había trabajado con fracciones, y pensó esta relación como "1 vale 6" y buscó fracciones equivalentes.

$$\frac{1}{6} = \frac{4}{24} = \frac{8}{48}$$

Aclaremos ideas

Nuestros amigos relacionaron en la tabla su peso en la Tierra con el que tendrían en su supuesto viaje a la Luna.

Relacionaron dos magnitudes:

- peso en la Tierra, y su correspondiente
- peso en la Luna.

Además, en sus procedimientos pusieron de manifiesto que:

- al doble de peso en la Tierra le corresponde el doble de peso en la Luna;
- a la mitad de una cantidad, le corresponde la mitad de la otra;
- cuando una de las variables se multiplica o divide por un número, la cantidad correspondiente de la otra se multiplica o divide por ese mismo número.

> Las relaciones numéricas entre magnitudes que cumplen con estas características, se conocen como **directamente proporcionales**.

peso en la Luna : peso en la Tierra
1 : 6

Si dos magnitudes son directamente proporcionales, al dividir cada número de una columna por su correspondiente de la otra columna, se obtiene siempre el mismo número. Éste se conoce como **constante de proporcionalidad**.

Distintas representaciones

Otra forma de representar la relación numérica entre los pesos en la Tierra y la Luna es a través de un gráfico.

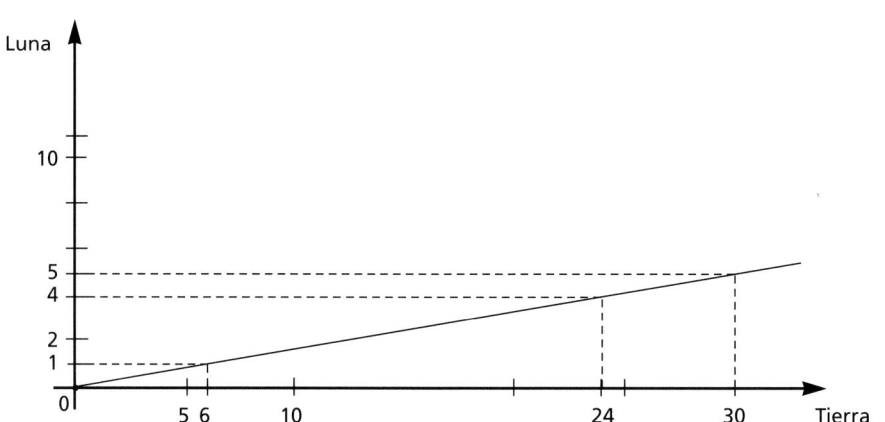

Para contestar entre todos

● *Por medio del gráfico, ¿pueden decir cuánto pesa en la Tierra un cuerpo que en la Luna pesa 1 kg? ¿Cómo lo averiguaron?*

● *Y si tenemos un cuerpo que en la Tierra pesa 10 kg, ¿cuánto pesa, aproximadamente, en la Luna?*

● *¿Qué significa el punto (0,0)? ¿Pertenece a la relación? ¿Por qué?*

● *¿Qué ventajas encuentran en este tipo de representación?*

> Al graficar las relaciones de proporcionalidad directa obtenemos una recta que pasa por el punto (0,0), origen de coordenadas.

No todo lo que brilla es oro

Mili, la hermanita de Juanjo, cumplió 1 año y pesa 11 kilos.

La mamá se pregunta, ¿cuánto pesará a los dos años? ¿Y a los 5, y los 10 años?

Juanjo se pone a calcular.

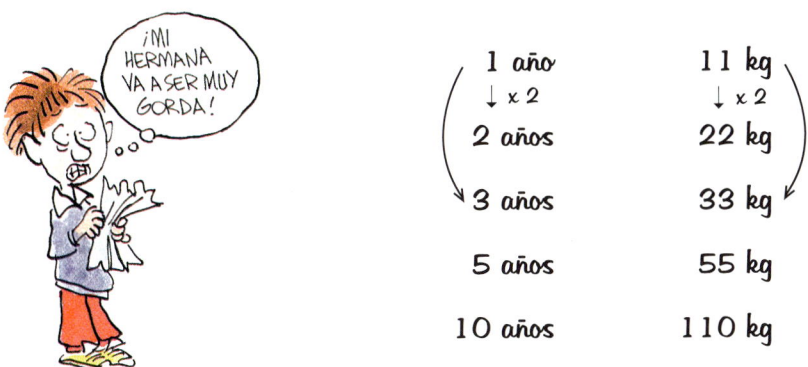

1 año	11 kg
↓ x 2	↓ x 2
2 años	22 kg
3 años	33 kg
5 años	55 kg
10 años	110 kg

- *¿Estás de acuerdo con este amigo? ¿En qué falló su razonamiento?*
- *¿Hay proporcionalidad entre las variables edad y peso?*
- *Averiguá cuánto pesa (aproximadamente) una persona al año, a los 2 años, a los 3, a los 5 y a los 10 años.*
- *Dibujá en estos ejes los datos que averiguaste. ¿Qué podés decir del gráfico?*

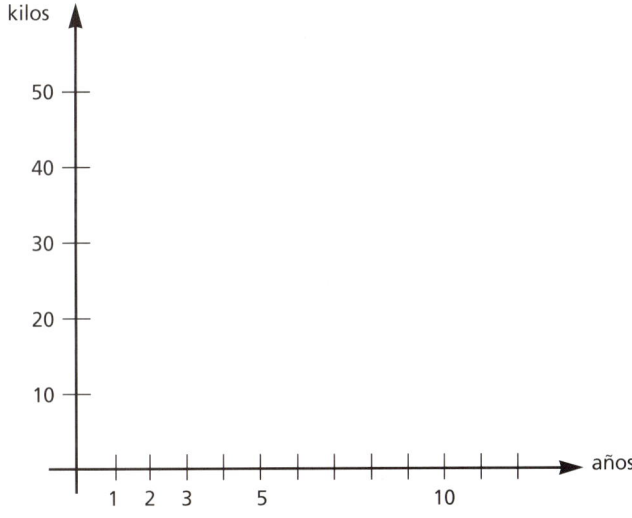

 *Actividad grupal*

Para pensar entre todos

- Discutan si puede existir o no una relación de proporcionalidad directa entre:
- tamaño de la cabeza y edad de una persona;
- cantidad de botellas y número de cajas que contienen botellas;
- docenas de huevos y costo de los mismos;
- altura de una persona y cantidad de goles que marca en un partido de fútbol.

Para resolver con lo que aprendiste

Marcianos de papel

Juanjo colecciona las figuritas *Marcianos al ataque*.

Cada paquete trae 4.

● *¿Cuántas figuritas podrá pegar en su álbum si compra 6 paquetes?*

● *En la tabla figura la relación que hay entre paquetes y cantidad de figuritas que contienen. Completá la tabla, sin olvidar que todos los paquetes tienen la misma cantidad.*

Paquetes	3	4		12	
Figuritas	12		4		40

● *Respondé:*

- ¿Qué magnitudes se relacionan en los problema anteriores?
- ¿Se relacionan proporcionalmente?
- ¿Cómo te diste cuenta?

● *El almacén Don Ramón y el quiosco Tip-Pop venden las figuritas que colecciona Juanjo.*
En el quiosco el precio de 5 paquetes es de $ 2,50.
Don Ramón tiene en oferta 9 paquetes a $ 5.
¿Qué lugar elegirá Juanjo para comprar figuritas? ¿Por qué?

● *¿Cuánto cuestan 10 paquetes en el almacén? ¿Cómo lo averiguaste?*

● *Si Juanjo puede gastar $ 11 en paquetes de figuritas, ¿cuántos paquetes compra?*

¡A buscar los palillos!

Para esta actividad vas a necesitar una caja de palillos.
Cuando la hayas conseguido... ¡manos a la obra!

- *Construí un cuadrado que tenga un palillo de lado. ¿Cuántos palillos usaste?*

- *Ahora armá otro cuadrado pero con dos palillos de lado. ¿Cuántos palillos usaste?*

- *Repetí la construcción con tres y con cuatro palillos por lado.*

- *Ahora completá una tabla como ésta.*

Palillos por lado	Perímetro

- *¿Existe proporcionalidad entre las dos magnitudes? ¿Por qué?*

- *¿Hay una constante? ¿Cuál? ¿Es la misma para cada figura?*
¿Podés relacionar la constante con alguna característica de cada figura?

- *Sobre estos ejes dibujá y uní los puntos que se corresponden en la tabla.*

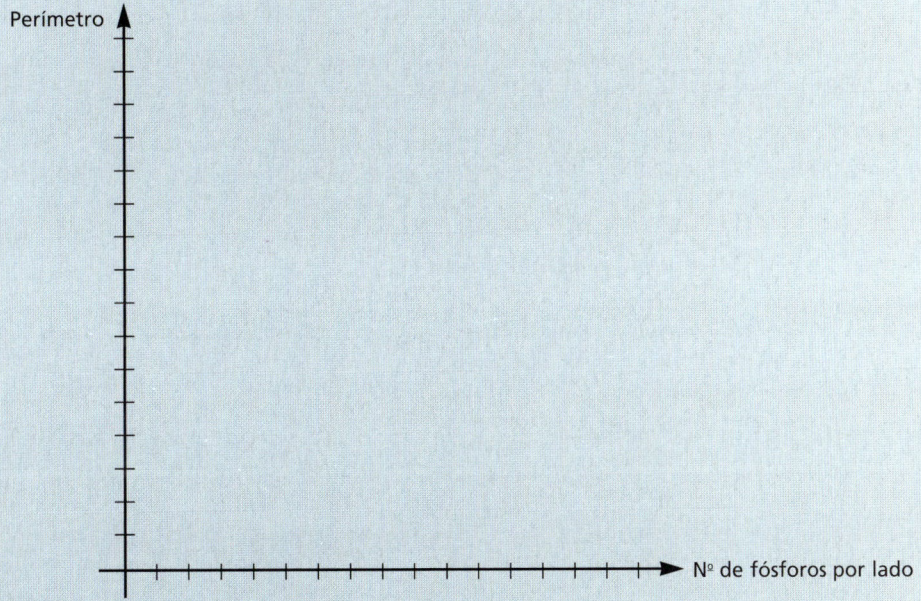

- *¿Qué podés decir de esta representación gráfica?*

Fotografías

● *Mirá los portarretratos a, b, c, d y e. ¿Podés establecer alguna relación de proporcionalidad entre sus medidas? ¿Por qué?*

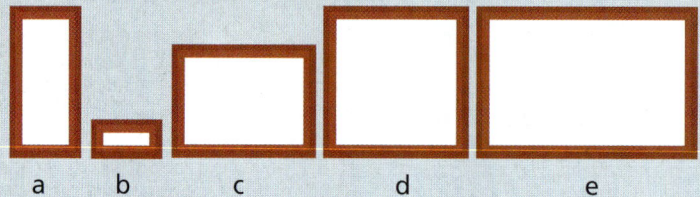

a   b   c   d   e

Dibujo

Juanjo hizo este dibujo pero decidió achicarlo. Su mamá lo llamó para cenar y no pudo terminar.

● *Completá la reducción manteniendo las proporciones.*

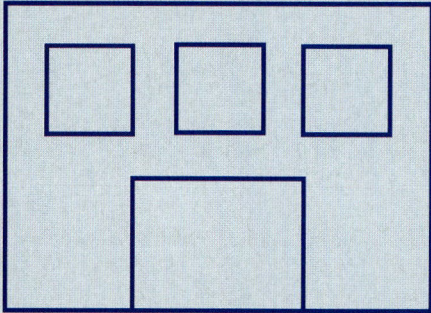

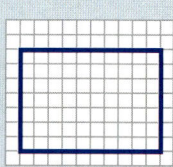

Para hacer en grupos

Reuníte con otros compañeros y realicen una maqueta de la Tierra, la Luna y el Sol. Utilicen plastilina o alguna otra sustancia que se pueda moldear.

Recuerden que deben guardar relación los tamaños y distancias reales, y aquellos que usen en la maqueta.

Te damos las medidas que tomarán como referencia.
Distancia de la Tierra al Sol: 150 millones de kilómetros.
Distancia de la Luna a la Tierra: 400.000 kilómetros.
Diámetro del Sol: 1.390.000 km.
Diámetro terrestre: 12.700 km.
Diámetro de la Luna: 3.480 km.

Para comprobar lo que aprendiste

Antes de ir a la Luna, investiguemos curiosidades terrestres.

Rayos y truenos

Seguramente alguna vez viste un rayo o relámpago. Es una descarga eléctrica que se produce entre nubes de lluvia y es visible a gran distancia.

A pesar de lo que la mayoría de la gente cree, parte de los rayos que caen lo hacen sin que se escuchen truenos.

La siguiente tabla muestra la relación anterior.

Averiguá si es directamente proporcional y completála.

Rayos que caen sin trueno	Total de rayos que caen
10	25
20	50
50	125
80	200
100	...

Ríos en mapas

El siguiente gráfico muestra los ríos más célebres del planeta. Un cm del dibujo equivale a 1.000 km en la realidad.

- Averiguá dónde se encuentran. Para ello, buscálos en un planisferio.
- Con la ayuda de los datos que siguen, averiguá cuántos km mide, aproximadamente, cada uno.

Nilo

Amazonas

Mississipi

Paraná - de la Plata

• Si sabés que el río Danubio mide aproximadamente 2.800 km y el Sena, 770 km, dibujá las barras que faltan en el gráfico respetando la misma escala.

Congo

Danubio

Sena

¿Estrella fugaz? ¡No, meteorito!

Los meteoritos no tienen luz propia, pero al chocar contra la atmósfera terrestre se desintegran y se calientan durante unos segundos; forman entonces una estela que nos hace confundirlos con estrellas.

Los meteoritos penetran a la atmósfera a una velocidad de 42 kilómetros por segundo.

La Tierra viaja por el espacio a 29 km por segundo, es decir que para los meteoritos es poco más que ¡una tortuga!

● *¿Cuántos kilómetros recorrerá un meteorito en 10, 15, 30, 40 segundos? ¿Y en un minuto? Realizá una tabla.*

● *¿Qué distancia recorrerá la Tierra en esos intervalos de tiempo?*

● *¿Cuál de los siguientes gráficos corresponde a la velocidad de los meteoritos?*

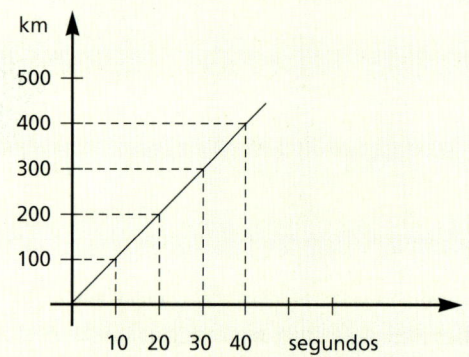

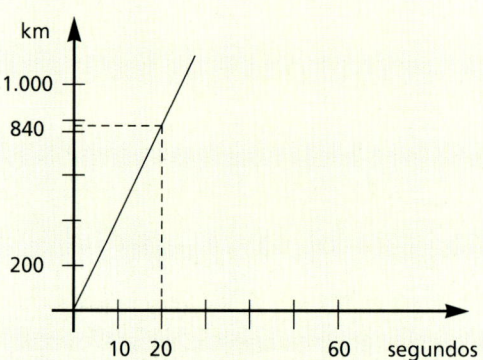

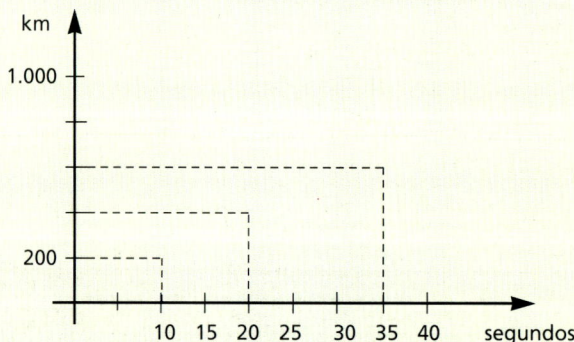

Nociones de probabilidad

¿Qué probabilidad tenés de sacar el ancho de espadas cuando jugás al truco?

Yo juego, tú juegas, todos jugamos

Divertirse es tan importante como trabajar y estudiar. Por eso los seres humanos de todos los tiempos han inventado muchísimos y variados juegos que se transmiten de generación en generación.

Aquellos que dependen más de la suerte que de la habilidad de los jugadores, se conocen como *juegos de azar*. La historia de estos juegos es muy, muy antigua.

En nuestro país, por ejemplo, en algunos lugares se mantiene la costumbre de jugar a **la taba**, que es un hueso de cuatro caras (el astrágalo). Al ser arrojado, se gana o se pierde de acuerdo con la posición en que cae.
Era muy utilizado por los gauchos y aún se celebran campeonatos de taba en fiestas populares.

Algunos astrágalos fueron hallados en excavaciones arqueológicas, por lo que se cree que hace 40.000 años ya se jugaba con él. Seguramente, los antiguos egipcios y los griegos lo usaron del mismo modo que los gauchos rioplatenses.

Según se cuenta, los **dados** fueron inventados por el rey Palamedes durante la guerra de Troya, 1.500 años antes de Cristo. Los primeros dados eran de metal o arcilla y constituyeron uno de los entretenimientos preferidos por los romanos. También se han encontrado dados con números en las tumbas egipcias.

Los juegos de cartas son más recientes.
El solitario, por ejemplo, fue ideado en el siglo XVIII por un francés encarcelado, para no aburrirse tanto.

Algunos juegos de azar fueron cambiando con el tiempo. Por ejemplo, **el bingo** fue jugado por primera vez con las reglas actuales en 1880; su antecesor fue un juego italiano del siglo XVII, llamado *tumbule*.

Seguramente conocés otros juegos en los cuales interviene la suerte. Mencionamos algunos; vos completá la lista: ruleta, lotería, generala, tirada de monedas...

Para resolver con lo que sabés

Rocío, Eduardo y Leo se reunieron para hacer una investigación. Cuando terminaron de hacer láminas y preparar el informe, decidieron jugar a la Oca mientras comían galletitas de coco.

Como no se ponían de acuerdo sobre quién comenzaba, Leo propuso un juego de azar: tirar dos monedas al aire; si al caer salían dos caras empézaría Rocío, si salían dos cecas lo haría Eduardo y si caían una cara y una ceca el primer turno sería para él.

A pesar de que la idea era buena, los chicos se enojaron con Leo.

- *¿Cuál de los chicos tiene razón?*
- *¿Es cierto que los tres tienen la misma probabilidad de empezar el juego? ¿Por qué?*

Otras preguntas

- *Al tirar una moneda ¿cuál es la probabilidad de que salga cara? ¿Y ceca?*
Explicá tu respuesta.
- *Antes de tirar la moneda, ¿pueden decir con total seguridad qué saldrá? ¿Por qué?*

El cálculo de probabilidades es una rama de la matemática. Aunque no se puede predecir qué sucederá, las leyes de la probabilidad indican qué suceso es más probable que ocurra.
Esta unidad te llevará a descubrir algunas nociones.

Para ponernos de acuerdo

¿Cómo estará el clima el fin de semana? ¿Quién ganará el campeonato de fútbol del año próximo? ¿Será nene o nena la próxima persona que nazca en tu familia?

Para todas estas preguntas hay más de una respuesta posible, pero ninguna de ellas puede afirmarse con total seguridad. Podemos dar respuestas probables; algunas de ellas dependen de la suerte que tengamos.

Los fenómenos que en igualdad de condiciones pueden generar resultados distintos que dependen del azar, reciben el nombre de **aleatorios**. Por ejemplo, este fin de semana puede llover o estar nublado o ser un día de sol radiante; el meteorólogo, luego de estudiar las condiciones atmosféricas, sólo puede decir cuál es la probabilidad de que suceda una u otra cosa.

Resoluciones de algunos amigos

LEO

Para demostrar a sus amigos que dos caras, dos cecas y cara-ceca tenían la misma probabilidad de salir, repitió veinte veces la experiencia de tirar dos monedas al aire.

Esto arrojó más cantidad de resultados cara-ceca que de las otras opciones. Como no podía encontrar una explicación, comenzó a dudar de su opinión.

Entonces decidió repetir nuevamente la experiencia y obtuvo estos resultados:

SAQUÉ CASI TANTAS VECES CARA-CECA COMO LA SUMA DE LAS OTRAS DOS OPCIONES.

cara	X X X X X X X X X X	11
ceca	X X X X X X X X X X X X	12
cara-ceca	X X X X X X X X X X X X X X X X X X X X X X	22

EDUARDO

Trató de explicar con el siguiente cuadro que la propuesta de Leo era injusta.

	cara - moneda 1	ceca - moneda 1
cara moneda 2	cara - cara	cara - ceca
ceca moneda 2	ceca - cara	ceca - ceca

ROCÍO

Para aclarar más la situación, armó un diagrama de árbol con monedas.

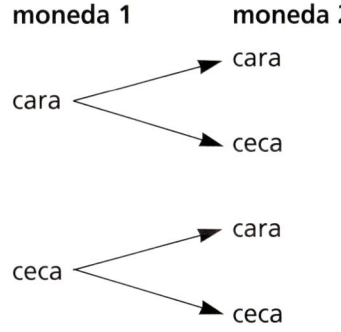

Leo tuvo que reconocerlo, los tres no tenían la misma probabilidad de empezar el juego.
Sin quererlo, estaba haciendo trampa al haber elegido la opción cara-ceca.

- *¿LLegaste a la misma conclusión que estos amigos? ¿Por qué?*
- *¿Y tus compañeros?*
- *Si tenés dudas, realizá la experiencia.*

Otra experiencia

- *Tirá una moneda diez veces y anotá cuántas veces sale cara y cuántas, ceca.*

Antes, anticipá qué esperás obtener.

- *¿Acertaste? ¿Por qué?*
- *De acuerdo con los resultados obtenidos, ¿podés decir con seguridad qué vas a obtener en el próximo tiro? ¿Por qué?*

Jugamos con el azar

A cada sapo su princesa

• *Para jugar con un compañero y una moneda.*
Antes de iniciar el juego, cada uno debe elegir cara o ceca.
Se arroja la moneda y avanzan 1 casillero cada vez que aciertan en su turno.

• *Terminado el juego, comparen sus resultados con los obtenidos por los demás equipos.*
Completen entre todos una ficha como la siguiente.

Nombre del equipo	Cantidad de caras	Cantidad de cecas
TOTALES		

• *¿Cuántas veces ganaron los jugadores que eligieron cara? ¿Y los chicos que dijeron ceca?*
• *¿Cuál es la diferencia entre el número total de caras y de cecas?*

Lautaro y Fernanda

Este diagrama indica los resultados del juego entre Lautaro, que eligió cara, y Fernanda, que eligió ceca.

• *¿Cuántas caras y cuántas cecas salieron?*
• *Si continúan el juego mucho tiempo más, ¿creés que alguno de los dos tendrá mayor ventaja? ¿Por qué?*

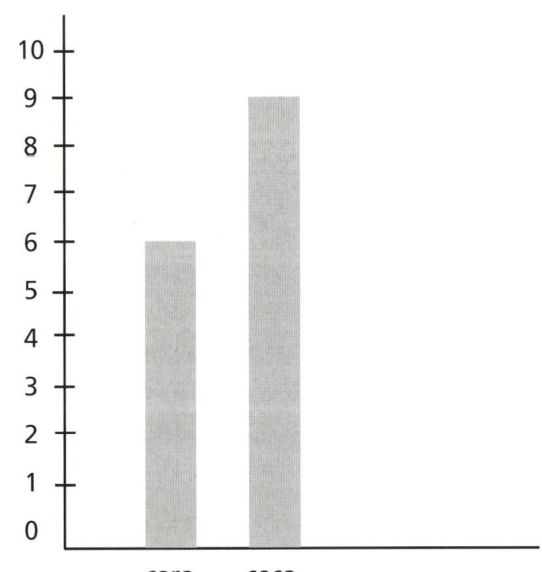

Frecuencia, número de veces que ocurre un suceso

Como a Rocío vino a buscarla su mamá, Eduardo y Leo decidieron jugar con las figuritas de Turismo Carretera. Entre los dos inventaron este juego:

- Colocar en una bolsa azul dos figuritas de igual tamaño: una de un modelo de autos y otra con la foto de un piloto.

- Por turno, uno de ellos dice *auto* o *piloto* y sin mirar saca una figurita de la bolsa. Si coincide con lo que dijo, gana las dos; si sale la figurita contraria, ambas son para el otro jugador.

- Se vuelven a colocar otras dos figuritas y sigue el juego.

Después de 10 extracciones, éstos fueron los resultados.
auto, auto, piloto, piloto, piloto, auto, piloto, auto, piloto, piloto.

> SALIERON CUATRO VECES LOS AUTOS Y SEIS VECES LAS FOTOS DE LOS PILOTOS.

> SON 4 AUTOS DE 10, ESOS RESULTADOS EN FRACCIONES SERÍAN 4/10 AUTOS. Y PARA PILOTOS 6/10.

La cantidad de veces que ocurre un suceso se denomina, en matemática, **frecuencia absoluta**. En nuestro ejemplo, la **frecuencia absoluta** con que se obtuvieron autos es de 4.

La relación entre la frecuencia absoluta y la cantidad de experiencias que se tomaron en cuenta, se llama **frecuencia relativa**; con respecto a los autos, es de $\dfrac{4}{10}$.

 *Actividad*

Ahora con tizas

● *Reuníte con un compañero y realicen la siguiente experiencia.*

- Coloquen en una bolsa opaca dos tizas iguales de diferente color.
- Por turno, saquen una tiza de la bolsa. Realicen la experiencia 30 veces.

- Antes de empezar.
Estimen la cantidad de veces que saldrá cada color y anótenla.

- Durante el juego.
Anoten el resultado de cada extracción.

- Al terminar.
Comparen los resultados obtenidos con sus estimaciones.
Completen una tabla como la siguiente.

	Frecuencia absoluta	Frecuencia relativa
Tiza color 1		
Tiza color 2		

● Comparen sus resultados con los de otros compañeros.

Para responder entre todos
● *¿Qué color ha salido más veces?*
● *¿Podrían anticipar qué tiza saldrá en una próxima extracción?*
● *Si realizaran una nueva estimación para jugar otra vez, ¿la cambiarían? ¿Cuál elegirían? ¿Por qué?*
● *¿A qué valor se acercan las frecuencias relativas en la tabla?*
● *¿Qué pasaría si la repitieran 1.000 veces?*

> **En los fenómenos aleatorios los resultados dependen del azar.**
> **Sin embargo, al repetir muchas veces un experimento, podemos encontrar**
> **que los resultados respetan ciertas regularidades.**

Comparación de probabilidades

¡A la perinola!

La perinola es un pequeño trompo de seis caras que baila al hacer girar su mango; seguramente tus abuelos te pueden contar cómo se entretenían jugando con ella. En sus caras hay distintas frases. El tirador de turno tiene que respetar la que figura en la cara que queda para arriba..

- todos sacan;
- todos ponen;
- toma dos;
- pon uno;
- toma todo;
- pierde todo.

Podés construir una y jugar con tus amigos.
- Dibujá en cartón el modelo.
- Recortálo y clavá en su centro un palillo o un clavo largo.
- Hacélo girar y... ¡a rodar!

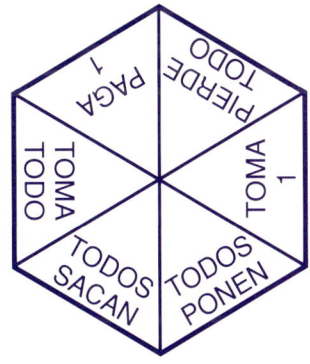

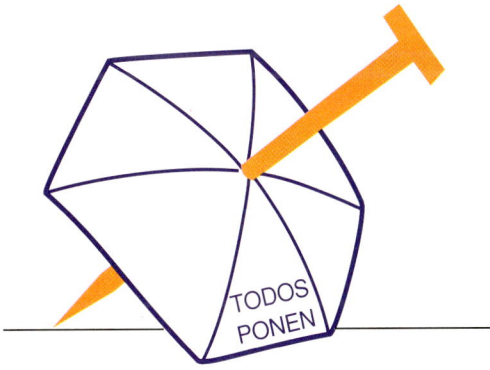

 *Actividad*

Para pensar

● *Al hacer girar la perinola, ¿te parece más probable que salga* toma todo *o* pierde todo? *¿Por qué?*

● *Hacé la experiencia. Estimá cuántas veces va a salir* toma todo *y cuántas,* pierde todo, *y luego lanzá la perinola 25 veces.*

● ¿Verdadero o falso? Explicá tu respuesta.

- La probabilidad de obtener *toma uno* es mayor que la de obtener *todos sacan*.
- La probabilidad de obtener *todos sacan* es mayor que la de obtener *toma 1*.
- La probabilidad de obtener *toma todo* es mayor que la de obtener *todos sacan*.
- La probabilidad de obtener *toma 1* es igual a la de obtener *todos sacan*.
- La probabilidad de obtener *toma todo* es mayor que $\dfrac{1}{2}$.

- La probabilidad de obtener *toma todo* es menor que $\dfrac{1}{2}$.

- Al repetir muchas veces la experiencia, la frecuencia relativa se acerca a $\dfrac{1}{6}$.

Perinola tramposa

Colocá una gota de plasticola o un pedacito de plastilina debajo del lado de la perinola donde dice *toma todo*. Ahora tenés una perinola tramposa.

- Lanzá varias veces la perinola. ¿Qué sucede?

- ¿Aumentó o disminuyó la probabilidad de obtener *toma todo*? ¿Y la probabilidad de sacar *pierde todo*?

- ¿Cómo harías para aumentar la probabilidad de sacar *toma 1*?

Para resolver con lo que aprendiste

Dados

- ● *¿Cuántos resultados podés obtener al lanzar un dado?*
- ● *¿Cuántos números impares y cuántos pares pueden salir?*
- ● *Estimá la probabilidad de sacar par e impar al tirar el dado.*
- ● *Arrojá el dado 50 veces y calculá la frecuencia relativa de cada suceso.*

- ● *¿Alguno de ellos tiene una frecuencia mayor? ¿Por qué?*

● *Si repetís el experimento el doble de veces, ¿pueden cambiar esas frecuencias? ¿Por qué? Comprobálo.*

● *¿A qué fracción se acercarían las frecuencias relativas?*

$$\frac{1}{2} \qquad \frac{1}{6} \qquad \frac{1}{4}$$

● *¿La probabilidad de obtener un 3 es mayor o menor que la de obtener impar? ¿Por qué?*

Ordená de mayor a menor la probabilidad de estos sucesos

- El 15 de julio hará 35 grados en una ciudad de la provincia de Buenos Aires.
- Mañana el cielo estará despejado.
- Mañana amanecerá.
- Para la próxima Navidad lloverá.

● *Agregá un suceso más al final de la lista.*

Más perinolas

Leo jugó con las perinolas, luego dibujó los siguientes diagramas de barras que muestran la frecuencia con que obtuvo las diferentes frases. Entusiasmado con sus dibujos hizo uno de más.

● *¿Qué diagrama corresponde a cada perinola? Justificá tu respuesta.*

● *¿Cómo sería la perinola que corresponde al diagrama que sobra? Dibujála.*

• *Para cada gráfico, ¿cuál fue el número de tiradas?*

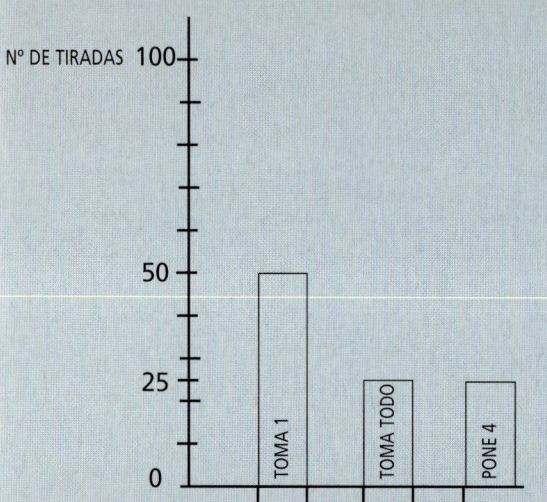

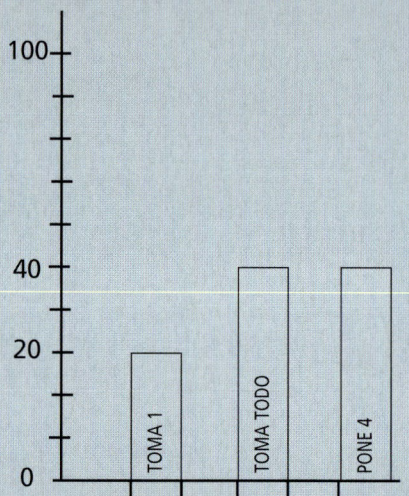

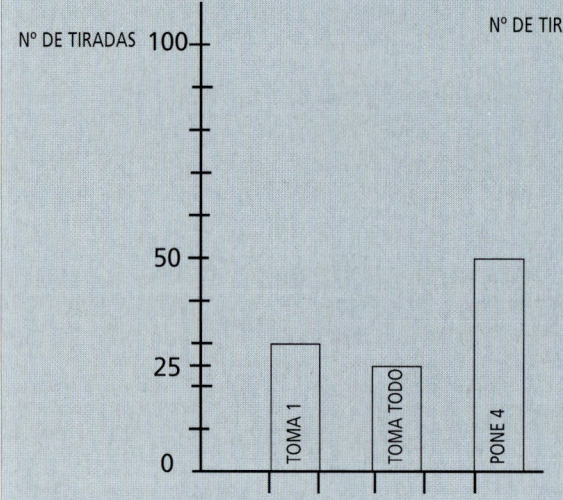

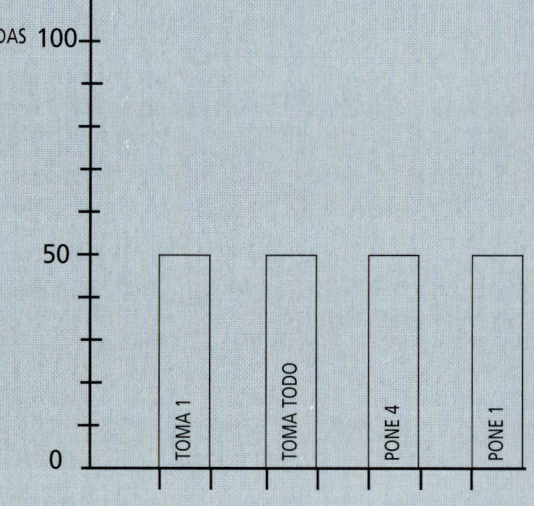

Pinocho

• *¿Cómo sigue esta canción?*

• *¿Para qué la usan?*

• *Colóquense en ronda y cántenla. ¿Quién ganó?*

• *Repitan la canción 20 veces y anoten quién gano cada vez.*

• *¿Pueden decir antes de empezar quién saldrá nombrado?*

¿Depende del azar?

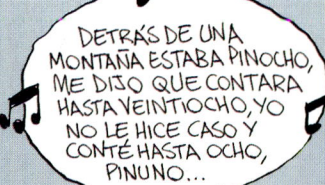

Para comprobar lo que aprendiste

¡Llegó un parque de diversiones!

En el barrio de Leo, Eduardo y Rocío se instaló un parque de diversiones.

Los chicos fueron a visitarlo el día de la inauguración y se entusiasmaron con los juegos. Después de dar dos vueltas en la montaña rusa y tres en las sillas voladoras, decidieron probar suerte en los diferentes puestos.

A pescar el cubo

En este juego, Leo debe pescar con una caña cubos de madera que se encuentran dentro de cuatro cajas de cartón rojo. Una vez pescado el cubo, el dueño del puesto vuelve a colocarlo en la caja.

- Leo pescó siempre de la misma caja y logró sacar:

azul - azul - blanco - azul - azul - azul - blanco - azul

- ¿Con qué caja creés que estaba jugando? ¿Por qué?

- Colocá sí o no en las siguientes oraciones

- Es más fácil sacar azul en la caja 1 que en la 2.
- Es más fácil sacar azul en la caja 2 que en la 4.
- Es más fácil sacar azul en la caja 1 que en la 4.
- Es más fácil sacar azul en la caja 1 que en la 3.
- Es más fácil sacar azul en la caja 2 que en la 3.

- ¿Qué premios ganó Leo?

Los Juegos olímpicos

Los Juegos olímpicos son una competencia internacional que se celebra cada cuatro años en diferentes ciudades. Pero, ¿sabés dónde y cuándo comenzó esta historia?

Nada menos que en el año 776 a. C en la antigua Grecia. Para ser precisos, en la ciudad de Olimpia, donde se encontraba el santuario más importante del dios Zeus (sí, el papá de Hércules).

Cada cuatro veranos se mandaban mensajeros a todas las ciudades griegas para invitarlas a homenajear a su dios. Éstas enviaban delegaciones para competir en las diferentes actividades atléticas, pero sólo podían participar hombres honorables de ascendencia griega.

Los juegos, que duraban cinco días, comenzaban con carreras pedestres y continuaban con luchas, carreras de caballos y el famoso pentatlón, una serie de cinco pruebas: velocidad, salto, lanzamiento de jabalina, lanzamiento de disco y lucha.

El último día se celebraba una carrera en donde los atletas corrían con la armadura puesta. Los ganadores recibían guirnaldas de hojas de olivo como premio y los poetas les dedicaban canciones.

En el año 394 d. C. el emperador Teodosio I, el Grande, los suspendió. Y aquí comienza la segunda parte de la historia: los primeros Juegos Olímpicos modernos se celebraron en abril de 1896, en la ciudad griega de Atenas. Participaron 13 países.

A partir de ese momento más y más países han presentado delegaciones, y la cantidad de participantes ha aumentado de 285 en 1896 a más de 10.000 en las últimas olimpíadas. También se incrementó el número de deportes, incluyéndose pruebas como el hockey sobre patines, el taekwondo, el voley de playa y el `softball femenino.

El último de los Juegos olímpicos se celebró en 1996 en la ciudad norteamericana de Atlanta; la sede para el 2.000 es Australia.

Los deportes y sus récords
Jóvenes y viejos

Está demostrado que no hay edad para el deporte. Prueba de ello es la campeona olímpica Kim Yoon-mi (de Corea del Sur) que logró el título por patinaje de velocidad en 3.000 metros a la edad de 13 años y 83 días. También, Oscar Swahn quien, a los 72 años y 280

días, obtuvo la medalla de plata formando parte del equipo de tiro al ciervo móvil.

El primer argentino

En 1932 un rosarino ganó el maratón en los Juegos olímpicos de Los Ángeles. Fue el primer argentino en ganar
una medalla de oro al marcar un récord de 2 horas 31 min.
236 seg. Le decían el *ñandú criollo* y se llamaba Juan Carlos Zabala.

Mujeres que corren

En la categoría femenina para carreras de 100 y 200 me-
tros, las dos marcas máximas están en las manos (o en las piernas) de la misma atleta, Flo-
rence G. Joyner, quien tardó 10,49 seg. y 21,34 seg. respectivamente (1988). En la primera
prueba registró un pico de velocidad de 0,91 segundos por cada 10 m desde los 60 hasta
los 90 metros, es decir 39,56 km por hora.

Lanzamientos

Hay pruebas atléticas que estamos menos acostumbrados a ver: el lanzamiento de jabali-
nas, martillos y discos. ¡Pero qué lejos los tiran!

DEPORTE	RÉCORDS FEMENINOS		RÉCORDS MASCULINOS	
Jabalina	Petra Felke	80,00 m	Jan Zelezny	95,66 m
Martillo	Micaela Melinte	69,42 m	Yuly Syedikh	86,74 m
Disco	Gabriele Reinsc	76,80 m	Jurgen Schutltz	74,08 m

Natación

Aleksandr Popov es uno de los dos únicos nadadores que han roto la barrera de los 49 seg.
para los 100 metros estilo libre. El otro es Matt Biondi y entre los dos tienen los 10 mejo-
res registros para esa distancia. Popov superó el récord de Biondi (48,42 seg. en 1988) en
0,21 seg. y seguramente será el primero en lograr menos de 48 seg.

Para pensar

- *¿A qué se llama romper un récord?*
- *¿Cómo hacen todos estos deportistas para tratar de superar continuamente las marcas
lograras por otros y por ellos mismos?*
- *¿Siempre será posible alcanzar un nuevo récord?*

Nuestra computadora

En 1642, un matemático francés inventó una máquina que podía sumar y restar. Ésta fue superada por otra creada por Leibniz en 1693. La nueva máquina no sólo podía sumar y restar, sino también multiplicar por repetición automática de la suma y dividir por repetición automática de la resta. Además, contaba con un auxiliar mecánico para el cálculo astronómico. Pero esto fue sólo el comienzo.

En 1822, un matemático inglés de nombre Charles Babbage quiso realizar algo mucho más ambicioso. Deseaba construir una máquina que fuera capaz de almacenar respuestas para utilizarlas en operaciones que se efectuaran en otro momento, y capaz además de imprimir el resultado. Todo era posible, pero no con los medios mecánicos con los que contaba en su época.

Recién en 1930, el ingeniero norteamericano Vannevar Bush produjo la primera máquina capaz de resolver ecuaciones; ésta era en parte electrónica.

¿Sabés cuál fue el primer jueguito para computadora? En 1947 se diseñó una máquina que jugaba a las damas.

A la hora de usar la computadora

Jugar y trabajar con la computadora es útil y divertido, pero debés tener en cuenta varios aspectos para que tus ojos y tu espalda no corran riesgos.
Al estar más de una hora frente a una computadora pueden aparecer molestias como irritación en los ojos, dolor de cabeza y contracturas en el cuello; sin embargo, si tenés en cuenta unas pocas y simples recetas, estos síntomas pueden evitarse.
Ponélas en práctica y contáselas a otros amigos.

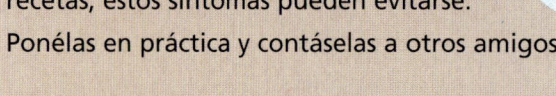

Primero

Es importante tener en cuenta el lugar en donde se ubica la pantalla con respecto a las fuentes de luz. Si hay una ventana en la habitación, la computadora deberá ubicarse de manera que la luz que ingresa no se encuentre ni delante ni detrás del monitor, sino a los costados.

Las fuentes de luz, artificial o natural no deben proyectar reflejos sobre la pantalla. Las lámparas de escritorio deben ser tenues y no dar en forma directa sobre los ojos ni sobre la pantalla.

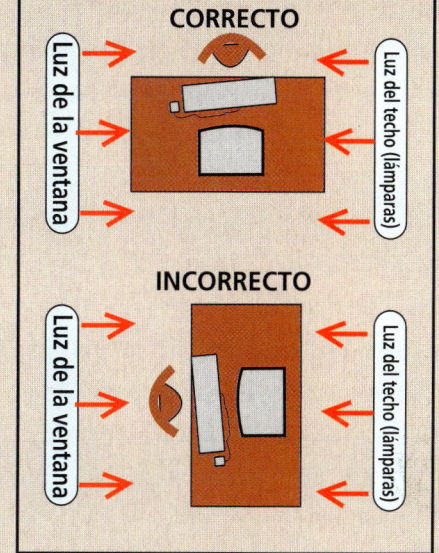

Segundo

¿Cómo ubicar la pantalla y nuestro cuerpo, en forma correcta?

La distancia entre la pantalla y tus ojos debe estar entre 60 y 70 cm. Al pulsar las teclas tus brazos deben formar un ángulo recto, siendo el codo el vértice del mismo.

También tus piernas deben estar en ángulo recto al flexionar las rodillas.

Tu espalda debe mantenerse derecha.

Tercero

Otras medidas a tener en cuenta son la altura del escritorio o mesa y la silla.

La mesa debe estar separada del piso unos 60 a 75 cm y el asiento de la silla, tener una altura de 38 a 48 cm.

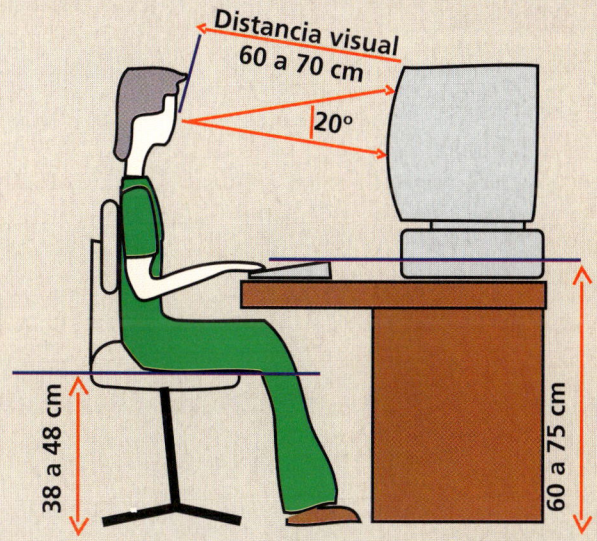

Cuarto

Últimas recomendaciones.

Es conveniente usar un vidrio o plástico antirreflejo para reducir el brillo de la pantalla.

Periódicamente, cada 15 minutos más o menos, debés sacar la vista de la pantalla y, si no querés pararte y dar un paseo por la cocina en busca de una galletita, podés simplemente mirar un punto fijo lejano, así descansarás la llamada visión cercana.

Para hacer de a dos

● *Ubíquense en la mesa como si fueran a trabajar con la computadora. (Si prueban con una, mejor).*

● *Tomen las medidas que indicamos con respecto a la distancia visual, altura de los muebles, inclinación de la pantalla y ángulos corporales.*

● *Respondan.*

- ¿Se ubican correctamente al usar la computadora? ¿Por qué?

- ¿Cómo están ubicadas las computadoras de tu casa o de la escuela con respecto a las fuentes de luz?

A-Z editora ha dado término a la impresión de esta obra
en los talleres gráficos de Antártica Quebecor S. A.,
Av. Pajaritos 6920. Santiago de Chile, en el mes de febrero de 1998
Impreso en Chile - Printed in Chile